RAABE
NACHSCHLAGEN – FINDEN

Gerhard Roth, Michael Koop

Besser lehren – besser lernen

Schulpraxis und Hirnforschung im Tandem

Raabe Verlag

Impressum

RAABE
Fachverlag für die Schule,
ein Unternehmen der Klett-Gruppe
www.raabe.de

Projektleitung: Katharina Beck
Redaktion und Gestaltung: Christine Joos
Satz: Reemers Publishing Services GmbH, Krefeld

ISBN 978-3-8183-0738-7

Bibliografische Information der Deutschen Nationalbibliothek
Die deutsche Nationalbibliothek verzeichnet diese Publikation in der Deutschen Nationalbibliografie; detaillierte bibliografische Daten sind im Internet über <http://dnb.d-nb.de> abrufbar.

Vorwort 15

Die Bedeutung der Lehrer- und der Schülerpersönlichkeit für den Lernerfolg 19

Wie sieht ein „hirngerechter" Unterricht aus? 79

Der Umgang mit Intelligenz- und Begabungsunterschieden und Lern- und Verhaltensstörungen 131

Inhalt

Vorwort 15

Teil 1

Die Bedeutung der Lehrer- und der Schülerpersönlichkeit für den Lernerfolg

A Wissenschaftliche Grundlagen 19

Persönlichkeit und Individualität eines Menschen 19

Die gängigen psychologischen Grundmerkmale der Persönlichkeit 20

Kritische Bewertung des „Big Five"-Ansatzes 22

Gehirn und Persönlichkeit 23

Das neurobiologische „Vier-Ebenen"-Modell der Persönlichkeit 24

Die sechs psycho-neuralen Grundsysteme 32

Vergleich des neuronalen Persönlichkeitsmodells mit den „Big Five" 36

Wichtige Eigenschaften der Lehrerpersönlichkeit 38

Glaubwürdigkeit und Vertrauenswürdigkeit 38

Fachliche Kompetenz 42

Feinfühligkeit und Kritikfähigkeit 42

Motivationsfähigkeit 43

Wichtige Eigenschaften der Schülerpersönlichkeit 45

Zielorientierung und Selbstmotivation 45

B Erfahrungen aus der Schulpraxis 47

Erster Eindruck von der Lehrperson 47

Erste Unterrichtsstunden 48

Namentliche Ansprache 49

Fallbeispiel: *Eine Kollegin ärgert sich regelmäßig über die Unruhe in meiner 7. Klasse* 49
Räumliche Distanz beim Gespräch 49
Fallbeispiel: *Annegret (5. bis 9. Klasse) geht mir immer aus dem Weg* 50
Blickkontakt zwischen Lehrer und Schüler 50
Persönliche Gespräche 51
Fallbeispiel: *Weko (9. Klasse) zeigt kein Interesse an einer Themeneinführung* 51
Anbieten von Hilfen und Tipps 52
Berücksichtigen der Persönlichkeit und der kulturellen Gewohnheiten 53
Fallbeispiel: *Kamil (5. Klasse) scheut den Blickkontakt* 53
Nachvollziehen von Gedanken der Lernenden 54
Richtige Sitzordnung 54
Fallbeispiel: *Das gemeinsame Finden einer neuen Sitzordnung in einer 8. Klasse* 55
Vorbildfunktion der Lehrperson 56
Umgangston und Sprache 56
Pünktlichkeit 56
Fallbeispiel: *Lara und Mabel (8. Klasse) kommen häufig zu spät zum Unterricht* 57
Rollenverständnis als Lehrer 58
Äußeres Erscheinungsbild des Lehrers 58
Erklären von Entscheidungen und Maßnahmen 59
Fallbeispiel: *Dominique (7. Klasse) benutzt unerlaubt sein Handy* 59
Respektvoller Umgang miteinander 60
Fallbeispiel: *Frerk (10. Klasse) verletzt ständig die Regeln* 61
Gute Unterrichtsvorbereitung 62
Einhalten von Versprechen und Zusagen 63
Umgang mit Regeln und Regelverletzungen 63
Fallbeispiel: *Ava (10. Klasse) fehlt wiederholt an Unterrichtstagen* 65
Beispiel: *Klassenregeln und Konsequenzen bei deren Nichteinhaltung (9. Klasse)* 66
Empathie 67
Gerechtes Handeln 68

Erste Erfahrungen mit den Lernenden 69

Fachliche Kompetenz der Lehrperson 69

Feinfühligkeit und Kritikfähigkeit der Lehrperson 70

Rückmeldung der Lehrperson zum Leistungsstand 70

Rückmeldung der Lernenden zur Lehrperson 71

Vermeiden von Konfliktsituationen 71

Fallbeispiel: *Eine Vertretungsstunde im 10. Jahrgang droht, außer Kontrolle zu geraten* 72

Motivationsfähigkeit 73

Anspruch auf Bildung 74

Strebsamkeit und Fleiß 74

Beziehung und Ernsthaftigkeit 74

Ängste, Befürchtungen und Sorgen der Lehrperson 77

Teil 2

Wie sieht ein „hirngerechter" Unterricht aus?

A Wissenschaftliche Grundlagen 79

Lernen und Gedächtnisbildung aus neurobiologischer Sicht 80

Bedeutung des Arbeitsgedächtnisses 81

Aufmerksamkeit und Konzentration 83

Anschlussfähigkeit des Stoffes 85

Allgemeine Motiviertheit und Lernbereitschaft der Schüler und Interesse an einem bestimmten Stoff 87

Anstrengungsbereitschaft und Lernerfolg 88

Fleiß und Wiederholung 88

„Methoden-Mix“ 90

Thema „Ganztagsunterricht“ 91

Wie sieht ein „hirngerechter“ Unterricht aus? 92

B Erfahrungen aus der Schulpraxis 94

Aufmerksamkeit und Konzentration 94

Stundenbeginn und Begrüßung 94

Auf Phasen größter Aufmerksamkeit vorbereiten 94

Fallbeispiel 1: *Eine „falsche“ Sitzordnung verhindert die Aufmerksamkeit in einer 5. Klasse* 95

Fallbeispiel 2: *Eine Unterbrechung bringt die Lernenden einer 9. Klasse aus dem Takt* 95

Begrenzte Aufmerksamkeits- und Aufnahmefähigkeit 96

Fallbeispiel: *„Atem holen“ – kurzfristige Vorbereitung auf ein Betriebspraktikum* 96

Mit wiederkehrenden Aufmerksamkeits- und Konzentrationsproblemen umgehen 97

Fallbeispiel 1: *Paulina (6. Klasse) kann sich nicht konzentrieren* 97

Fallbeispiel 2: *Manfred (9. Klasse) sorgt für große Unruhe* 98

„Ruhe“ in die Lerngruppe bringen 99

Anschlussfähigkeit des Stoffes herstellen 100

Vorwissen der Lernenden überprüfen 100

Unterschiedliches Vorwissen, unterschiedliche Vorerfahrungen der Lernenden 101

Allgemeine Motiviertheit und Lernbereitschaft der Schüler und Interesse an einem bestimmten Stoff 101

Lob als Belohnung und Motivation 102

Fallbeispiel: *Vera (7. Klasse) macht „endlich mal“ ihre Hausaufgaben* 102

Gerechte und transparente Leistungsbeurteilung 103

Beispiel 1: *Bewertungsschlüssel für Sachstand, Lernfortschritt und sonstige Leistungen im Fach Mathematik* 103

Beispiel 2: *Klassenarbeiten in Mathematik* 104

Beispiel 3: *Bewertungsschema im Fach Mathematik* 105

Beispiel 4: *Bewertung von Können, Entwicklung und Lernverhalten im Fach Sport* 108

Beispiel 5: *Bewertungsschema im Fach Sport* 109

Bedeutung von Fleiß und Wiederholung 114

Selbstbild der Lernenden 114

Einstellung der Erziehungsberechtigten zum schulischen Lernen 114

Bedeutung des Wiederholens 115

Beispiel: *Das Wiederholen und der Faktor Zeit helfen beim Verstehen eines Themas* 116

„Hirngerechter" Unterricht – reformierter Unterricht in der Praxis 117

Abschied vom 45-Minutentakt 117

Fächerübergreifende oder alternative Unterrichtsformen 118

Beispiel 1: *Fächerübergreifender Unterricht* 118

Beispiel 2: *Fächerverbindender Unterricht* 119

Beispiel 3: *Unterricht orientiert an Lebensalltag und -wirklichkeit* 120

Neue Tagesstruktur 122

Beispiel 1: *Neue Tagesstruktur Variante I* 124

Beispiel 2: *Neue Tagesstruktur Variante II* 125

Beispiel 3: *Neue Tagesstruktur Variante III* 126

Effekte der neuen Tagesstruktur 126

Vorschläge zur Umsetzung der neuen Tagesstruktur 129

Teil 3

Der Umgang mit Intelligenz- und Begabungsunterschieden und Lern- und Verhaltensstörungen

A Wissenschaftliche Grundlagen 131

Intelligenz und Begabung 131

Was ist Intelligenz, und wie misst man sie? 132

Hochbegabung 134

Inselbegabung 136

Die Entwicklung von Intelligenz 137

In welchem Maße ist Intelligenz angeboren oder erworben? 138

Intelligenz- und Begabungsunterschiede zwischen Jungen und Mädchen? 140

Wie fördert man Intelligenz und Begabung? 140

„Soziale" und „emotionale" Intelligenz 141

Lernstörungen 142

Legasthenie 142

Dyskalkulie 144

Aufmerksamkeitsdefizit-Hyperaktivitäts-Störung (ADHS) 145

Antisoziale oder dissoziale Persönlichkeitsstörung 147

Autismus 148

Lernbehinderung und geistige Behinderung 150

B Erfahrungen aus der Schulpraxis 153

Erste Einschätzung der Schüler einer neuen Lerngruppe 153

Auffälligkeiten und Maßnahmen 153

Heterogenität von Lerngruppen 156

Fallbeispiel: *Eine „ganz normale" Klasse in der 8. und 9. Jahrgangsstufe* 156

Intelligenz- und Begabungsunterschiede 161

Erkennen von Intelligenz- und Begabungsunterschieden 161

Fallbeispiel 1: *Jarek, ein anfangs im Sozialverhalten auffälliger, aber hochbegabter Schüler* 162

Fallbeispiel 2: *Oda, eine unauffällige, aber hochbegabte Schülerin* 163

Fallbeispiel 3: *Klara, eine Spätentwicklerin* 163

Fallbeispiel 4: *Edna, eine Einwanderin mit geringen Deutschkenntnissen* 164

Berücksichtigen von Intelligenz- und Begabungsunterschieden 165

Fallbeispiel: *Differenzierung auf vier Niveaus in einer Lerngruppe in der 8. Jahrgangsstufe* 167

Lern- und Verhaltensstörungen 168

Fallbeispiel 1: *Scheidung der Eltern mit Sorgerechtsstreitigkeiten* 170

Fallbeispiel 2: *Alleinerziehender Vater und kranke Mutter* 171

Fallbeispiel 3: *Psychische Erkrankung der Mutter* 172

Fallbeispiel 4: *Inkonsistentes Verhalten des Vaters* 172

Fallbeispiel 5: *Autoritärer Erziehungsstil des Bruders* 173

Fallbeispiel 6: *Antiautoritärer Erziehungsstil des Vaters* 173

Fallbeispiel 7: *Negative Vorbildfunktion der Mutter* 174

Fallbeispiel 8: *Eltern mit zu hoher Erwartungshaltung* 174

Fallbeispiel 9: *Nicola kam mit traumatischen Schulerfahrungen zu uns* 175

Fallbeispiel 10: *Gernot fiel früh durch eine Verhaltensstörung auf* 176

Fallbeispiel 11: *Frances mobbte ihre Mitschülerinnen* 176

Was ich aus dem Umgang mit Verhaltensstörungen gelernt habe 177

Zitierte und weiterführende Literatur

A Wissenschaftliche Grundlagen 180

B Erfahrungen aus der Schulpraxis 182

Abbildungsverzeichnis 184

Tabellenverzeichnis 185

Die Autoren 186

Vorwort

Das vorliegende Buch „Besser lehren – besser lernen. Schulpraxis und Hirnforschung im Tandem“ ist das Ergebnis einer langen und intensiven Zusammenarbeit zwischen den Neuro- und Kognitionswissenschaften einerseits und der Schulpraxis andererseits. Das Projekt, diese beiden Bereiche eng zu verzahnen, nahm für den Erstautor seinen Anfang, als ihn vor rund zwölf Jahren der damalige Schulsenator Willi Lemke bat, bei einer Veranstaltung im Bremischen Rathaus Lehrerinnen und Lehrern[1] die Erkenntnisse der Neurobiologie und pädagogischen Psychologie über Lehren und Lernen vorzustellen. Da das Vorgetragene für die meisten Zuhörer mehrheitlich neu war, entstand das Vorhaben, den Bremischen Lehrern diese Erkenntnisse in systematischer Weise nahezubringen.

Das Projekt stieß zunächst auf großes Interesse. Dieses erlahmte jedoch zusehends, da aus Sicht der „abgeordneten“ Lehrer unklar blieb, wie die Erkenntnisse der Neuro- und Kognitionswissenschaften konkret für den Schulalltag nutzbar gemacht werden konnten. Die beteiligten Dozenten stellten fest, dass entgegen der Behauptung mancher „Neuropädagogen“, die Hirnforschung könne direkt den Schulalltag revolutionieren, das Problem genau darin bestand, dass – so bedenkenswert die Erkenntnisse der Neurobiologie und der Lernpsychologie auch waren – diese überhaupt erst einmal mit dem Schulalltag in Verbindung gebracht werden mussten, um dort wirksam zu werden.

In der Folge trat der glückliche Umstand ein, dass der Zweitautor, Lehrkraft an der Gesamtschule Bremen-Ost (GSO), im Bremischen Brennpunkt-Stadtteil Osterholz-Tenever gelegen, mit dem Erstautor in Kontakt trat und vorschlug, gemeinsam daran zu arbeiten, dieses Defizit zu beseitigen. Unter Federführung des Zweitautors und mit tatkräftiger Unterstützung der GSO-Schulleitung sowie einem Team von Lehrkräften begannen wir im Jahr 2008 die gemeinsame Arbeit zur Verbesserung der Unterrichtsqualität. Mit dem Projekt „Reform des Schulunterrichts an der GSO“ verfolgten und verfolgen wir das Ziel, den Lernerfolg unter Berücksichtigung wissenschaftlicher Erkenntnisse für einen „hirngerechten“ Unterricht zu optimieren. Über mehrere Jahre hinweg trafen wir uns in kleinerem und größerem Kreis – später

---

[1] Die in dieser Publikation verwendeten Personen- und Berufsbezeichnungen treten der besseren Lesbarkeit halber nur in der männlichen Form auf, sind aber natürlich gleichwertig auf beide Geschlechter bezogen.

unterstützt von Fachkräften der Sozialpädagogik – und suchten nach einem wissenschaftlich fundierten und zugleich praxisnahen Konzept.

Die Umsetzung des Projekts im Schulalltag startete an der GSO im Schuljahr 2012/13 mit dem gesamten 5. Jahrgang. An einem festgelegten Wochentag wurde ein „hirngerechter" Unterricht in allen beteiligten Klassen durchgeführt. Im vergangenen Schuljahr 2014/15 wurde es mit fünf Klassen des 7. Jahrgangs und allen sechs Klassen des 6. Jahrgangs weitergeführt. Wir planen für die kommenden Jahre, mit Beginn eines neuen Schuljahres jeweils die Klassen des 6. Jahrgangs in das Projekt mit einzubeziehen, sodass es innerhalb der nächsten sechs Jahre durchgängig vom 6. bis zum 13. Jahrgang umgesetzt werden wird. Unterstützt werden wir im Projekt durch viele Lehrer, die sich mit Begeisterung einbringen.

In der Zwischenzeit sind eine ganze Reihe weiterer Schulen in Deutschland, so etwa die Leibniz-Schule in Bad Bramstedt und Elmshorn (Schleswig-Holstein), die Schule Spascher Sand in Bad Wildeshausen (Niedersachsen) und die Albert-Schweizer-Realschule in Böblingen (Baden-Württemberg) unserem Beispiel gefolgt und weitere Schulen beabsichtigen, sich dem Projekt anzuschließen.

„Besser lehren – besser lernen. Schulpraxis und Hirnforschung im Tandem" ist eine kurze Darstellung der Grundlagen unserer Arbeit, jeweils aus Sicht der Neurowissenschaften bzw. der pädagogischen Psychologie und der Schulpraxis. Die Erfahrungen aus der Umsetzung in die Schulpraxis erstrecken sich dabei auf einen Zeitraum von drei Jahren Projektarbeit. Zur besseren Lesbarkeit haben wir auf eine zu engmaschige Verknüpfung zwischen beiden Bereichen verzichtet und die drei Teile der Abhandlung jeweils getrennt in „Wissenschaftliche Grundlagen" und „Erfahrungen aus der Schulpraxis" dargestellt, aber es ist klar, dass beide Bereiche eng miteinander verknüpft sind.

Wir möchten mit unserem Buch alle Schulen ermutigen, ähnliche Wege zur Verbesserung der Unterrichtsqualität zu beschreiten, und sind gern bereit, Hilfestellung zu leisten. Unsere Ausführungen verstehen sich keineswegs als „Heilsbotschaft", sondern als die Vermittlung dessen, was sich in bereits mehrjähriger Unterrichtspraxis bewährt hat – nicht mehr, aber auch nicht weniger. Die wichtigste Erkenntnis unserer gemeinsamen Arbeit lautet: Man kann die Schule weder von oben (d. h. auf ministeriellen Beschluss hin) verändern noch kurzfristige Erfolge erwarten, sondern nur „von unten", in kleinen Schritten und mit entsprechend langem Atem vorgehen. Diese Langfristigkeit bietet zudem den Vorteil, jederzeit Korrekturen in der konkreten Umsetzung vornehmen zu können.

Wir danken der Schulleitung der GSO – insbesondere Frau Karin Peterburs – für ihre unermüdliche Unterstützung und allen Kolleginnen und Kollegen für ihr tatkräftiges Mitwirken und ihre wertvollen Ratschläge.

Lilienthal, im August 2015

Teil 1

Die Bedeutung der Lehrer- und der Schülerpersönlichkeit für den Lernerfolg

A Wissenschaftliche Grundlagen

In der gegenwärtigen Bildungsdiskussion ist kaum etwas so umstritten wie die Rolle des Lehrenden. Auf der einen Seite identifizieren viele, oft selbsternannte, Bildungsexperten den „lehrerzentrierten" Unterricht als Hauptverantwortlichen für die von ihnen diagnostizierte deutsche Schulmisere und setzen voll und ganz auf „selbstregulierten" bzw. „selbstbestimmten" Unterricht, bei dem der Lehrer nur noch ein „Bildungsassistent" für die Schüler oder – im Extremfall – völlig überflüssig ist. Auf der anderen Seite heißt es spätestens seit Erscheinen der deutschen Übersetzung der Hattie-Studie im Jahre 2013: „Auf die Lehrerpersönlichkeit kommt es an!" Wie wir sehen werden, ist Letzteres im Grundsatz richtig, bleibt aber inhaltsleer, wenn nicht klar ist, was mit „Persönlichkeit" überhaupt gemeint ist und auf welche Persönlichkeitsmerkmale des Lehrenden es in der Schule denn ankommt. Dasselbe gilt natürlich für die Persönlichkeit des Lernenden, denn die Hattie-Studie belegt, dass die Fähigkeit des Lehrenden, auf die Persönlichkeit der Lernenden einzugehen und diese zu fördern, für den Lernerfolg von ebenso großer Bedeutung ist wie die Lehrerpersönlichkeit selbst. Um diese Anforderung zu erfüllen, ist es für den Lehrenden unabdingbar, zu wissen, was er konkret aufseiten der Lernenden fördern soll.

Die Klärung des Begriffs „Persönlichkeit" und die Bedeutung von Persönlichkeitsmerkmalen für Lehren, Lernen und Schule soll daher Gegenstand des ersten Teils unseres Buches sein. Für weitere Details sei auf Roth 2015a verwiesen.

Persönlichkeit und Individualität eines Menschen

Wenn man von der „Persönlichkeit" eines Menschen spricht, so meint man in aller Regel etwas Charakteristisches und Überdauerndes an diesem Menschen, das ihn von anderen Menschen unterscheidet. Seit dem Altertum hat man sich Gedanken darüber gemacht, wie man die Persönlichkeit eines Menschen in diesem Sinne bestimmt. Am bekanntesten ist die „Lehre von den Temperamenten", die eine Einteilung in vier Grundpersönlichkeiten vornimmt, nämlich in Choleriker, Melancholiker, Phlegmatiker und Sanguiniker (man denke an Dürers Darstellung der vier Temperamente anhand der vier Apostel Markus, Paulus, Johannes und Petrus). Diese Einteilung orientierte sich an der antiken „Vier-Säfte-Lehre", bei der die jeweilige Zusammensetzung der vier Körperflüssigkeiten Blut (lateinisch sanguis), Schleim (griechisch phlegma), gelbe und schwarze Galle (griechisch cholé bzw. melas cholé) als Grundlage der Persönlichkeit bzw. des Temperaments gesehen wurde. Auch heute noch spricht man von einem „Sanguiniker" als einem „voll- bzw. heißblütigen" Menschen und ein Melancholiker hat viel „schwarze Galle". Die Theorie der Vier-Säfte-Lehre hat sich als unzutreffend erwiesen und der berühmt-berüchtigte Aderlass, der nach Meinung von Ärzten bis in unser Jahrhundert das Gleichgewicht dieser Säfte wieder ins Gleichgewicht bringen soll, hat vermutlich Millionen von kranken Menschen das Leben gekostet.

Die gängigen psychologischen Grundmerkmale der Persönlichkeit

Eine verlässliche und allgemein akzeptierte Theorie von der Natur und Persönlichkeit des Menschen gibt es bisher noch nicht, auch wenn auf dem Markt eine große Fülle von Tests angeboten werden, die vorgeben, anhand sehr weniger, oft fragwürdiger Merkmale wie beispielsweise Farbpräferenzen die Persönlichkeit eines Menschen verlässlich feststellen zu können.

Die heutige Persönlichkeitspsychologie sucht nicht nach klar abgegrenzten Persönlichkeits*typen*, sondern nach dem Vorhandensein einzelner Persönlichkeits*merkmale*. Die Individualität eines Menschen entsteht also aus einer einzigartigen Kombination von Merkmalen, die sich in jeweils stärkerer oder schwächerer Ausprägung bei allen Menschen finden. Wichtig für ein möglichst präzises Erfassen der Persönlichkeit sind Merkmale, welche das Fühlen, Denken und Handeln eines Menschen gut charakterisieren.

Der in der heutigen Persönlichkeitspsychologie gebräuchliche Ansatz beruht auf dem sogenannten „lexikalischen Verfahren". Dieses besteht darin, dass man gängigen Lexika alle erdenklichen Vokabeln entnimmt, mit denen menschliche Eigenschaften beschrieben werden. Dabei handelt es sich um viele Tausende (im

Englischen knapp 18.000) Wörter, die in ihrer Bedeutung natürlich hochgradig überlappen. Man kommt nun mithilfe der sogenannten Faktorenanalyse durch wiederholtes Zusammenfassen überlappender Merkmale auf immer weniger Attribute der Persönlichkeit, bis sich schließlich wenige Grundmerkmale herausstellen. Diese sollten maximal überschneidungsfrei sein. Es herrscht allerdings Uneinigkeit unter den Fachleuten, von wie vielen Grundmerkmalen man ausgehen sollte (vgl. Asendorpf und Neyer, 2012).

Die heute gebräuchlichen Persönlichkeitstests gehen meist von fünf Grundfaktoren aus, nämlich Extraversion, Verträglichkeit, Gewissenhaftigkeit, Neurotizismus und Offenheit/Intellekt. Sie werden die „Big Five“ (die „großen Fünf“) genannt und wurden auf der Grundlage der Vorarbeiten des deutsch-britischen Psychologen Hans-Jürgen Eysenck von den Psychologen Costa und McCrae in den 80er-Jahren des vorigen Jahrhunderts entwickelt (Costa und McCrae, 1992). Von diesem Fünf-Faktoren-Modell liegen zahlreiche Versionen vor. Eine ausführliche, auf insgesamt 240 abgestuft zu bewertenden und in „Facetten“ zusammengefassten Aussagen beruhende deutschsprachige Version ist das „NEO-IP-R“-Persönlichkeitsinventar von Ostendorf und Angleitner (2004), die in seriösen Testverfahren häufig angewandt wird. Die genannten Grundfaktoren können nun in unterschiedlicher Ausprägung zwischen den Extremen „stark“ und „schwach“ bzw. „voll zutreffend“ und „ganz unzutreffend“ vorliegen. Betrachten wir die fünf Grundfaktoren.

Der Faktor **Extraversion** umfasst in seiner starken Ausprägung die Eigenschaften gesprächig, bestimmt, aktiv, energisch, offen, dominant, enthusiastisch, sozial und abenteuerlustig, und in seiner schwachen Ausprägung die Eigenschaften still, reserviert, scheu und zurückgezogen. Der Faktor **Verträglichkeit** bezeichnet in seiner starken Ausprägung die Eigenschaften mitfühlend, nett, bewundernd, herzlich, weichherzig, warm, großzügig, vertrauensvoll, hilfsbereit, nachsichtig, freundlich, kooperativ und feinfühlig, und in seiner schwachen Ausprägung die Eigenschaften kalt, unfreundlich, streitsüchtig, hartherzig, grausam, undankbar und knickrig. Der Faktor **Gewissenhaftigkeit** umfasst in seiner starken Ausprägung die Eigenschaften organisiert, sorgfältig, planend, effektiv, verantwortlich, zuverlässig, genau, praktisch, vorsichtig, überlegt und gewissenhaft, und in seiner schwachen Ausprägung die Eigenschaften sorglos, unordentlich, leichtsinnig, unverantwortlich, unzuverlässig und vergesslich. Der Faktor **Neurotizismus** bezieht sich in seiner starken Ausprägung auf die Eigenschaften gespannt, ängstlich, nervös, launisch, besorgt, empfindlich, reizbar, furchtsam, selbstbemitleidend, instabil, mutlos und verzagt, und in seiner schwachen Ausprägung auf die Eigenschaften stabil, ruhig und zufrieden. Der Faktor **Offenheit/Intellekt** schließlich bezeichnet in seiner starken Ausprägung die Eigenschaften breit interessiert, einfallsreich, fantasievoll, intelligent, originell, wissbegierig, intellektuell, künstlerisch, gescheit, erfinderisch, geistreich und weise, und in seiner schwachen Ausprägung die Eigenschaften gewöhnlich, einseitig interessiert, einfach, ohne Tiefgang und unintelligent.

In einem „Big Five"-Persönlichkeitstest erhält die untersuchte Person einen festgelegten Satz von Aussagen über sich selbst. Der Proband bewertet jede Aussage auf einer fünfstufigen Skala von „voll zutreffend" bis „ganz unzutreffend", oder er wird von einem Interviewer entsprechend eingestuft. Zusammenfassend lässt sich dann feststellen, in welchem Maße eine Person „extrovertiert", „neurotizistisch", „verträglich", „offen" oder „gewissenhaft" ist. Daraus ergibt sich ein Persönlichkeitsprofil der betreffenden Person, das man dann zum Beispiel mit den Anforderungen für eine bestimmte Position oder Tätigkeit abgleichen kann.

Kritische Bewertung des „Big Five"-Ansatzes

Obwohl häufig angewandt, ist der „Big Five"-Ansatz in dieser klassischen Form umstritten. Vor allem ist unklar, ob die fünf Grundfaktoren tatsächlich weitgehend unabhängig voneinander sind oder nicht doch teilweise überlappen. In der Tat haben schon bei oberflächlicher Betrachtung Neurotizismus und Gewissenhaftigkeit eine erhebliche Nähe zueinander: Ängstliche und unsichere Menschen sind oft pingelig, und ebenso findet man Übereinstimmungen zwischen Extravertiertheit, Verträglichkeit und Offenheit/Intellekt bei Menschen, die zuversichtlich in die Welt blicken und Zutrauen zu den eigenen Kräften haben. Deshalb nehmen führende Experten auf diesem Gebiet an, dass es in Wirklichkeit nur zwei scharf kontrastierende oder sich polar gegenüberstehende Grundfaktoren gibt, nämlich Extraversion und Neurotizismus, wie dies bereits Eysenck konzipiert hatte.

In der Tat bilden eine stark ausgeprägte Extraversion und ein stark ausgeprägter Neurotizismus die zwei Enden eines Kontinuums, und entsprechend gehen in der Mitte dieses Kontinuums eine gering ausgeprägte Extraversion und ein gering entwickelter Neurotizismus nahezu bruchlos ineinander über und charakterisieren einen ausgeglichenen, ruhigen, nicht besonders hektischen und nicht besonders ängstlichen Menschen. Viele Persönlichkeitspsychologen glauben, dass man die deutlichsten Unterschiede hinsichtlich des Umgangs mit Risiken findet: Die einen

Menschen haben ein hohes Zutrauen zu sich selbst und ihrem „Glück" und nehmen gern in Kauf, dass Dinge auch manchmal schiefgehen können. Sie erfreuen sich am Erfolg und Gelingen, Misserfolge werden schnell abgehakt und widrigen Umständen zugeschrieben. Diese Haltung kann sich zu großem Wagemut, Sensationsgier (englisch „sensation-seeking") bis hin zur Tollkühnheit steigern und gilt dann als Anzeichen psychischer Krankheit (z. B. antisoziale Persönlichkeitsstörung bzw. Psychopathie). Die anderen Menschen dagegen haben ein geringes Zutrauen zu sich selbst, sehen eher die Risiken als die Chancen und vermeiden entsprechend riskantes Handeln (englisch „harm avoidance"). Misserfolge schreiben sie eher dem eigenen Versagen zu, Erfolge dem Zufall oder der Begünstigung. Im Extremfall tun sie lieber nichts als etwas Falsches. Sie sind oft durch diffuse Ängste vor allem und jedem gekennzeichnet, und manche von ihnen verfallen im Extremfall in Hoffnungslosigkeit und chronische Depressionen.

Andere Ansätze gehen dagegen von sechs statt fünf Grundmerkmalen aus, indem sie etwa das Grundmerkmal **Integrität-Ehrlichkeit** hinzunehmen, das für die Berufswelt wichtig ist und „quer" zu den genannten „Big Five" steht. Wichtige weitere Begriffe, die nicht explizit in den „Big Five" enthalten sind, sind Impulsivität, die positiv mit Extraversion und negativ mit Gewissenhaftigkeit korreliert, und Bindungsfähigkeit, die positiv mit Extraversion, Verträglichkeit und Offenheit und negativ mit Neurotizismus korreliert. Wie bereits festgestellt, gibt es in dieser Hinsicht bis heute keine Einigkeit unter den Persönlichkeitspsychologen.

Die zweite Kritik am „Big Five"-Ansatz zielt darauf ab, dass die üblichen Persönlichkeitstests alle alltagspsychologisch orientiert sind, aber keine tiefere wissenschaftliche Begründung dafür liefern, warum es – außer aus rein statistischen Gründen – genau diese Grundfaktoren sind, welche die Persönlichkeit eines Menschen am besten beschreiben. An diese Kritik geknüpft stellt sich die Frage, woher es kommt, dass der eine Mensch eher extravertiert und der andere eher neurotizistisch ist. Um zu erkennen, inwieweit man Menschen in ihrer Persönlichkeit verlässlich erfassen und dann, z. B. über schulische Erziehungsmaßnahmen, verändern kann, ist das Wissen um die Entstehung von Persönlichkeitsmerkmalen von zentraler Bedeutung. Mit dieser Frage wollen wir uns im Folgenden beschäftigen.

Gehirn und Persönlichkeit

Die Persönlichkeit eines Menschen ist tief in seinem Gehirn verankert. Das bedeutet nicht, dass sie ausschließlich dem Gehirn selbst entstammt. Vielmehr ist das Gehirn der Ort, an dem genetische Faktoren auf Umweltfaktoren treffen, und dies geschieht teilweise bereits vor der Geburt (z. B. vermittelt durch das Gehirn der werdenden Mutter) und besonders stark in den ersten Jahren nach der Geburt. Aufgrund der großen Fortschritte in den unterschiedlichen Bereichen der Neurowissenschaften, die sich mit den neurobiologischen Grundlagen von kognitiven Leistungen wie Wahrnehmung, Denken, Erinnern, Vorstellen und von Gefühlen (Emotionen) und sonstigen psychischen Prozessen wie Motivation und willentlich-zielgerichtetem oder automatisiertem Handelns befassen, gelingt es inzwischen, die Ausprägung und Wirkungsweise von grundlegenden Persönlichkeitsmerkmalen neurobiologisch plausibel zu machen.

Das neurobiologische „Vier-Ebenen"-Modell der Persönlichkeit

Das von G. Roth, M. Cierpka und N. Strüber entwickelte „Vier-Ebenen"-Modell geht in gewisser Vereinfachung davon aus, dass bewusst, intuitiv oder unbewusst ablaufende psychische Prozesse auf vier Ebenen des Gehirns angesiedelt sind, und zwar auf drei limbischen Ebenen und einer kognitiven Ebene.

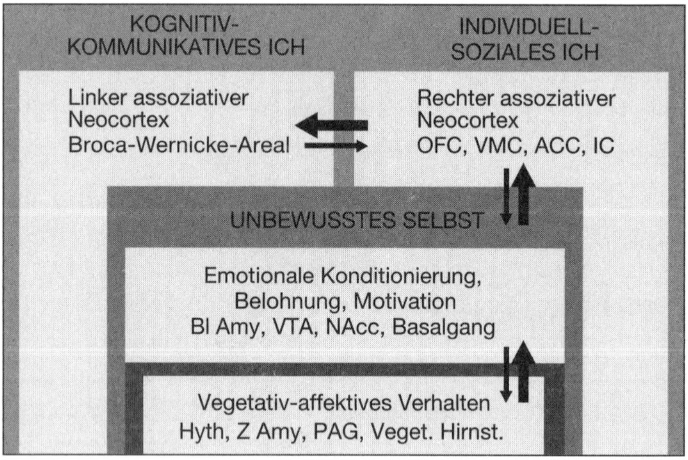

Abbildung 1: Das „Vier-Ebenen-Modell" der Persönlichkeit. Die untere limbische Ebene des vegetativ-affektiven Verhaltens und die mittlere limbische Ebene der emotionalen Konditionierung, Bewertung und Motivation bilden zusammen das „unbewusste Selbst". Auf bewusster Ebene bildet die obere limbische Ebene das „individuell-soziale Ich", dem das „kognitiv-kommunikative Ich" gegenübergestellt wird. Abkürzungen: ***ACC*** *anteriorer cingulärer Cortex,* ***Basalgang*** *Basalganglien,* ***Bl Amy*** *basolaterale Amygdala,* ***Hyth*** *Hypothalamus,* ***IC*** *insulärer Cortex,* ***NAcc*** *Nucleus accumbens,* ***PAG*** *zentrales Höhlengrau,* ***OFC*** *orbitofrontaler Cortex,* ***Veget. Hirnst.*** *vegetative Hirnstammzentren,* ***VMC*** *ventromedialer präfrontaler Cortex,* ***VTA*** *ventrales tegmentales Areal,* ***Z Amy*** *zentrale Amygdala (nach Roth 2015b)*

Die untere limbische Ebene ist die vegetativ-affektive Ebene. Sie wird von Zentren repräsentiert, die tief im Innern des Gehirns liegen (Hypothalamus und Teile des Hirnstamms, vgl. Abbildungen 2 und 3) und zu denjenigen Hirnteilen gehören, die im Laufe der Entwicklung des Embryos bzw. Fötus zuerst entstehen. Diese Hirngebiete sichern über die Kontrolle des Stoffwechselhaushalts, des Kreislaufs und Blutdrucks, der Temperaturregulation, des Verdauungs- und Hormonsystems, der Nahrungs- und Flüssigkeitsaufnahme, des Wachens und Schlafens unsere biologische Existenz. Ebenso werden durch diese Ebene unsere elementaren affektiven Verhaltensweisen und Empfindungen wie Angriffs- und Verteidigungsverhalten, Flucht und Erstarren, Aggressivität, Wut und Sexualverhalten gesteuert.

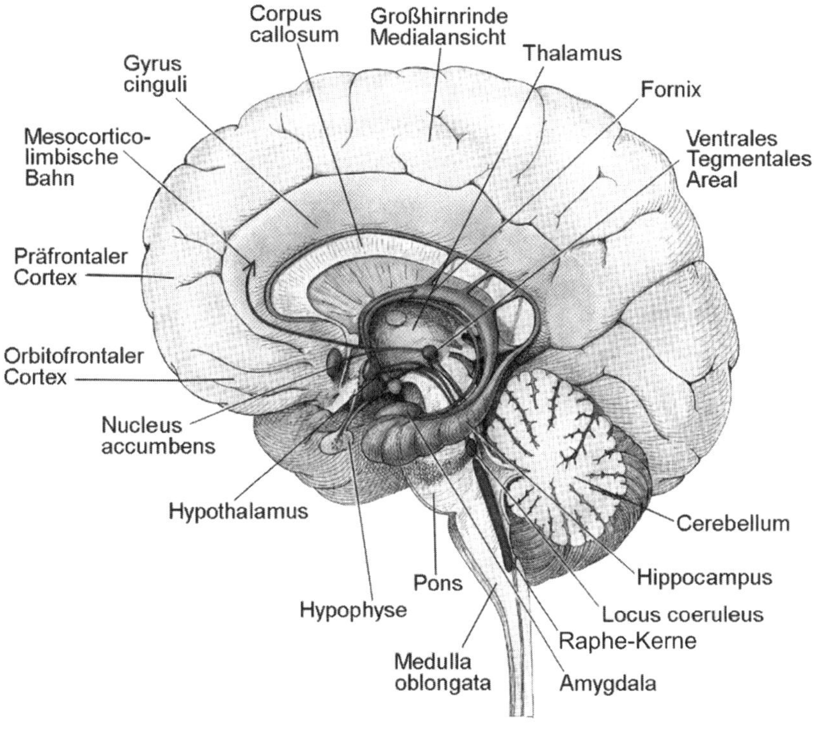

Abbildung 2: Längsschnitt durch das menschliche Gehirn mit den wichtigsten limbischen Zentren. Diese Zentren sind Orte der Entstehung von Affekten, von positiven (Nucleus accumbens, ventrales tegmentales Areal) und negativen Gefühlen (Amygdala), der Gedächtnisorganisation (Hippocampus), der Aufmerksamkeits- und Bewusstseinssteuerung (basales Vorderhirn, Locus coeruleus, Thalamus) und der Kontrolle vegetativer Funktionen (Hypothalamus). (nach Spektrum/Scientific American, 1994; verändert)

Diese Antriebe und Affektzustände sind weitgehend genetisch oder durch vorgeburtliche Einflüsse bedingt und während des späteren Lebens durch Erfahrung, Erziehung oder willentliche Kontrolle nur wenig beeinflussbar. Sie entstehen völlig unbewusst und werden erst später bewusst. In ihrer individuellen Ausformung legen die Funktionen dieser Zentren des Gehirns das Temperament fest, mit dem Personen auf die Welt kommen. Das heißt, sie beeinflussen, ob eine Person neugierig-draufgängerisch oder vorsichtig, kommunikativ oder wortkarg, mutig oder ängstlich usw. ist und wie die Person mit Stress und Enttäuschungen umgeht.

Leibliche Geschwister können sich in diesen Temperamenteigenschaften zum Teil grundlegend unterscheiden. Selbst eineiige Zwillinge mit identischen Genen weisen meist bestimmte Temperamentunterschiede auf, die auf unterschiedliche vorgeburtliche Einflüsse zurückgehen, z. B. auf Unterschiede in der Versorgung oder in der Einwirkung von Hormonen oder anderen Signalen, die vom Gehirn der Mutter kommen. Wie wir heute wissen, unterscheiden sich alle Menschen, auch eineiige Zwillinge, in der Art, wie ihre Gene aktiviert und dadurch wirksam werden. Dies nennt man „Epigenetik".

Die mittlere limbische Ebene ist die Ebene der emotionalen Konditionierung und des individuellen emotionalen Lernens. An beidem sind ebenfalls Zentren tief im Innern unseres Gehirns beteiligt. In der Amygdala (Mandelkern, vgl. Abbildungen 2 und 3) findet die auf Konditionierung beruhende Verknüpfung emotional relevanter, überraschender negativer, aber auch positiver Ereignisse mit den angeborenen Grundgefühlen der Furcht, Angst, Abwehr und Überraschung statt. Das heißt, es wird hier festgelegt, was uns Freude oder Leid, Glück oder Schmerz bereitet. Zu den Prozessen, die auf dieser Ebene ablaufen, gehört auch das Erkennen der Bedeutung von emotional-kommunikativen Signalen wie Mimik, Gestik, Sprachintonation und Körperhaltung.

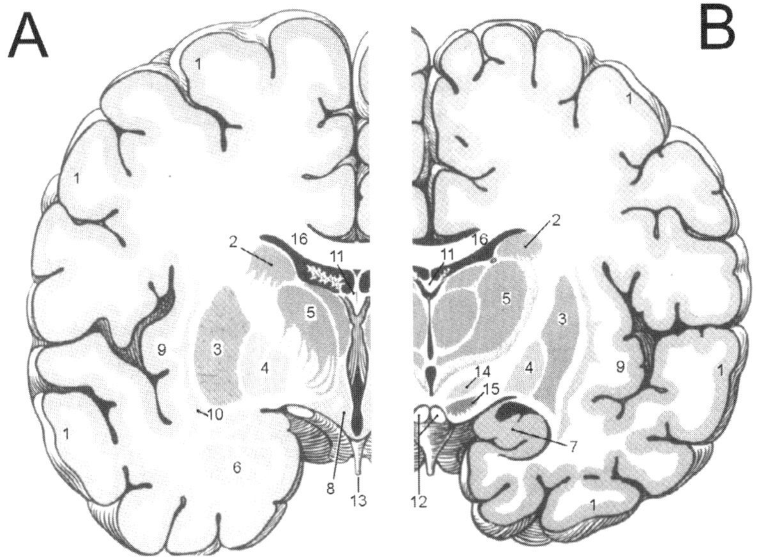

Abbildung 3: Querschnitte durch das menschliche Gehirn. ***A*** *Querschnitt auf Höhe des Hypothalamus, der Amygdala und des Striato-Pallidum;* ***B*** *Querschnitt auf Höhe des Thalamus und des Hippocampus.* ***1*** *Neocortex,* ***2*** *Ncl. caudatus,* ***3*** *Putamen,* ***4*** *Globus pallidus,* ***5*** *Thalamus,* ***6*** *Amygdala,* ***7*** *Hippocampus,* ***8*** *Hypothalamus,* ***9*** *insulärer Cortex,* ***10*** *Claustrum,* ***11*** *Fornix (Faserbündel),* ***12*** *Mammillarkörper (Teil des Hypothalamus),* ***13*** *Infundibulum (Hypophysenstiel),* ***14*** *Nucleus subthalamicus,* ***15*** *Substantia nigra,* ***16*** *Balken (Corpus callosum) (nach Kahle 1976; verändert)*

Interaktionspartner und zumindest teilweise „Gegenspieler“ der Amygdala ist das mesolimbische System (u.a. der Nucleus accumbens, vgl. Abbildung 2). Es dominiert bei der Registrierung und Verarbeitung natürlicher Belohnungsereignisse („das ist gut gelaufen“ bzw. „das hat Spaß gemacht“) und stellt über die Ausschüttung lusterzeugender hirneigener Stoffe (sogenannter endogener Opioide, also opiumartiger Stoffe) das zerebrale Belohnungssystem dar. Entsprechend ist alles, was Lust, Freude, Befriedigung usw. in uns erzeugt – so verschieden es auch sein mag –, an die Ausschüttung solcher Stoffe gebunden. Zum anderen ist es das grundlegende Motivationssystem, das über die Ausschüttung des hirneigenen Stoffes Dopamin Belohnungen „in Aussicht stellt“ und damit unser Verhalten motiviert. Wie viel Dopamin in einer bestimmten Situation ausgeschüttet wird, hängt von der bisherigen Lust-Unlust-Erfahrung in dieser oder einer ähnlichen Situation ab. Die Grundlage unseres Motivationssystems ist unsere individuelle Belohnungserfahrung.

Diese mittlere limbische Ebene entwickelt sich vornehmlich in den ersten drei Jahren nach der Geburt. Auf ihr formen sich die tiefliegenden Anteile des Selbst, und zwar aufgrund frühkindlicher Erfahrungen, insbesondere früher Bindungserfahrungen mit der primären Bezugsperson, also meist der biologischen Mutter. Hierbei entstehen die Grundstrukturen des Verhältnisses zu uns selbst (Selbstbild) und zu den Mitmenschen (Empathiefähigkeit, Feinfühligkeit) und die Grundkategorien dessen, was aus Sicht des Kleinkindes, d. h. egozentrisch, gut und schlecht ist. Diese Grundstrukturen und -kategorien sind Ergebnis teils unbewusster und teils bewusster Lernprozesse. Diese Lernprozesse sind jedoch nicht erinnerungsfähig, da sich in den ersten zwei bis drei Jahren noch kein erinnerungsfähiges Gedächtnis ausgebildet hat. Sie finden in einer frühen Lebensperiode statt, die Sigmund Freud „infantile Amnesie“ genannt hat. Sie verfestigen sich zunehmend, d. h., Erfahrungen werden selektiv zur Bestätigung von Vorerwartungen und Voreinstellungen gemacht.

Die obere limbische Ebene ist die der bewussten bzw. intuitiv erfahrenen, überwiegend sozial vermittelten Emotionen und Motive. Sie umfasst untere und innenliegende Anteile des Stirnhirns (also des frontalen Cortex, vgl. Abbildungen 4, 5 und 6). Hierzu gehören der insuläre, der cinguläre und der orbitofrontale Cortex. Der insuläre Cortex ist der Verarbeitungsort des Körpergefühls einschließlich der Schmerzempfindung, d. h., er legt fest, wann und wie stark eine Körperverletzung schmerzt, und ist auch Ort der affektiv-emotionalen Eingeweidewahrnehmung, des berühmten „Bauchgefühls“. Hier entsteht auch das Gefühl der Empathie. Der vordere cinguläre Cortex hat mit Risikowahrnehmung und -bewertung und ebenfalls mit Schmerzempfindungen, insbesondere mit Schmerzerwartung zu tun und ist zudem mit kognitiver Aufmerksamkeit und Fehlerüberwachung befasst.

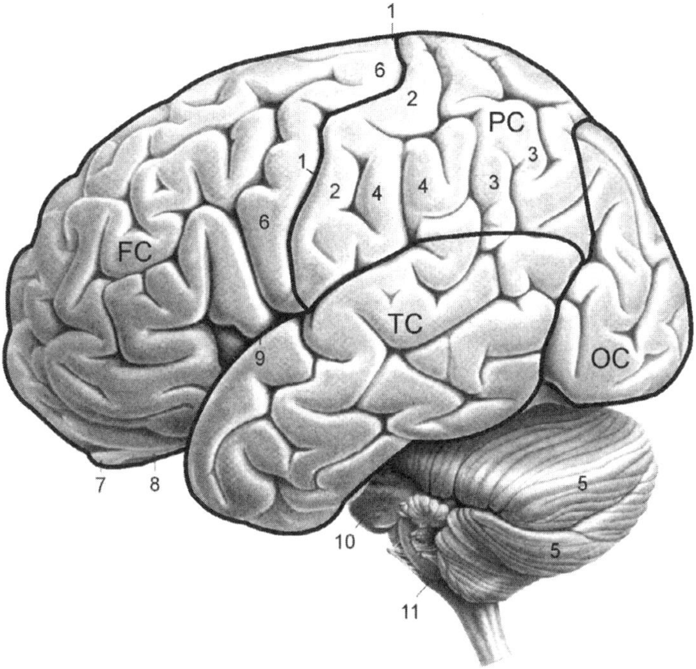

Abbildung 4: Seitenansicht des menschlichen Gehirns. Sichtbar sind die Großhirnrinde mit ihren Windungen (Gyrus/Gyri) und Furchen (Sulcus/Sulci) und das ebenfalls stark gefurchte Kleinhirn. Abkürzungen: ***FC*** *Stirnlappen,* ***OC*** *Hinterhauptslappen,* ***PC*** *Scheitellappen,* ***TC*** *Schläfenlappen.* ***1*** *Zentralfurche (Sulcus centralis),* ***2*** *Gyrus postcentralis,* ***3*** *Gyrus angularis,* ***4*** *Gyrus supramarginalis,* ***5*** *Kleinhirn-Hemisphären,* ***6*** *Gyrus praecentralis,* ***7*** *Riechkolben,* ***8*** *olfaktorischer Trakt,* ***9*** *Sulcus lateralis,* ***10*** *Brücke,* ***11*** *Verlängertes Mark (nach Nieuwenhuys et al. 1991; verändert)*

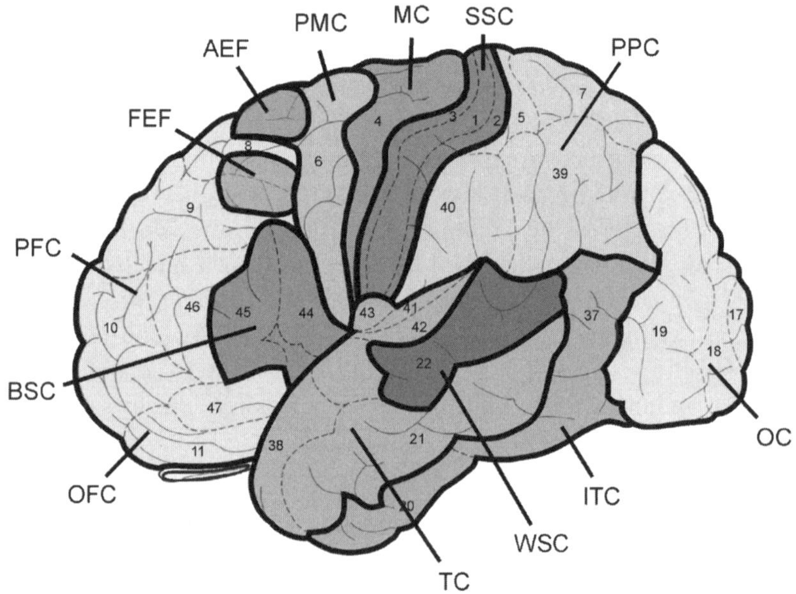

Abbildung 5: Anatomisch-funktionelle Gliederung der Hirnrinde von der linken Seite aus gesehen. Die Zahlen geben die übliche Einteilung in cytoarchitektonische Felder nach K. Brodmann an. Abkürzungen: ***AEF*** *vorderes Augenfeld,* ***BSC*** *Broca-Sprachzentrum,* ***FEF*** *frontales Augenfeld,* ***ITC*** *inferotemporaler Cortex,* ***MC*** *motorischer Cortex,* ***OC*** *occipitaler Cortex (Hinterhauptslappen),* ***OFC*** *orbitofrontaler Cortex,* ***PFC*** *präfrontaler Cortex (Stirnlappen),* ***PMC*** *dorsolateraler prämotorischer Cortex,* ***PPC*** *posteriorer parietaler Cortex,* ***SSC*** *somatosensorischer Cortex,* ***TC*** *temporaler Cortex (Schläfenlappen),* ***WSC*** *Wernicke-Sprachzentrum (nach Nieuwenhuys et al. 1991; verändert)*

Der über den Augenhöhlen (Orbita) liegende orbitofrontale Cortex, also das untere Stirnhirn, und der innen angrenzende ventromediale frontale Cortex stellen in gewissem Sinne den „höchsten“ limbischen Cortex dar. Hier befinden sich Netzwerke, welche die positiven und negativen individuellen und sozialen Erfahrungen speichern, und insbesondere die Regeln moralischen und ethischen Verhaltens repräsentieren, also diejenigen Verhaltensweisen, die geeignet sind, unser kleinkindliches egozentrisches Denken, Fühlen und Handeln abzumildern und uns die Unterstützung und Wertschätzung unserer Mitmenschen im engeren Sinne und der Gesellschaft im weiteren Sinne zu erhalten. Dieser Hirnteil benötigt die längste Reifezeit und ist erst im Alter von 18 bis 20 Jahren „ausgereift“.

Diesen drei limbischen Ebenen steht die kognitiv-sprachliche Ebene gegenüber, die in der Großhirnrinde im engeren Sinne angesiedelt ist. Hier finden sich handlungsvorbereitende Areale, insbesondere das obere Stirnhirn, der dorsolaterale präfrontale Cortex (vgl. Abbildungen 5 und 6). Im linken außenliegenden Stirnhirn befindet sich auch das Broca-Sprachareal, das die Grundlage der menschlichen syntaktisch-grammatikalischen Sprache bildet. Das obere Stirnhirn ist Teil des Arbeitsgedächtnisses und damit Sitz von Intelligenz und Verstand. Es hat mit der zeitlich-räumlichen Strukturierung von Sinneswahrnehmungen zu tun, mit planvollem und kontextgerechtem Handeln und Sprechen und mit der Entwicklung von Zielvorstellungen. Zum einen wird hier geprüft, was „Sache ist", zum anderen geht es hier um Problemlösen und zweckrationale Handlungsplanung. Schließlich ist dies die Ebene der rationalen oder pseudorationalen Darstellung und Rechtfertigung des bewussten Ich vor sich selbst und vor den anderen.

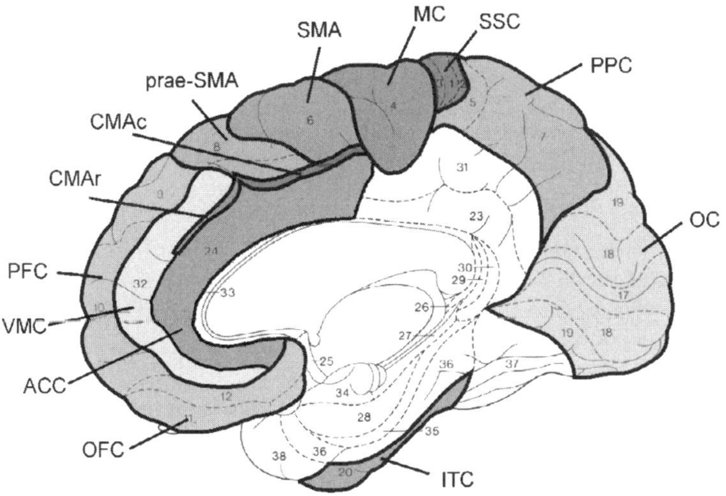

Abbildung 6: Anatomisch-funktionelle Gliederung der Hirnrinde von der Mittellinie aus gesehen. Abkürzungen: ***ACC*** *anteriorer cingulärer Cortex (Gyrus cinguli),* ***CMAc*** *caudales cinguläres motorisches Areal,* ***CMAr*** *rostrales cinguläres motorisches Areal,* ***ITC*** *inferotemporaler Cortex,* ***MC*** *motorischer Cortex,* ***OC*** *occipitaler Cortex,* ***prae-SMA*** *prae-supplementär-motorisches Areal,* ***OFC*** *orbitofrontaler Cortex,* ***PFC*** *präfrontaler Cortex,* ***PPC*** *posteriorer parietaler Cortex,* ***SMA*** *supplementär-motorisches Areal,* ***SSC*** *somatosensorischer Cortex,* ***VMC*** *ventromedialer (präfrontaler) Cortex (nach Nieuwenhuys et al. 1991; verändert)*

Dieses obere Stirnhirn hat nur einen geringen Einfluss auf unser Verhalten, weil es nur schwache kontrollierende Verbindungen zu den genannten limbischen Ebenen hat. Zum einen erklärt dies, warum ein sehr rationaler Mensch gleichzeitig sehr gefühlskalt sein kann, und zum anderen wird dadurch klar, warum rationale Einsicht allein unser Verhalten nicht zu ändern vermag. Daher ist auch der bloße Appell an diese Einsicht meist zwecklos. Umgekehrt übt allerdings das limbische System einen starken Einfluss auf unser Denken und Planen aus – mehr, als wir wahrhaben wollen!

Die sechs psycho-neuralen Grundsysteme

Im Rahmen dieses „Vier-Ebenen-Modells“ lassen sich sechs Grundsysteme identifizieren, die durch das spezifische Zusammenwirken bestimmter Hirnsubstanzen (Neurotransmitter, Neuromodulatoren, Neuropeptide und Neurohormone) unsere Persönlichkeit bestimmen.

Das erste Grundsystem ist das **Stressverarbeitungssystem**, auch Stressachse genannt. Es umfasst die Wirkung schneller Stress-Substanzen wie Adrenalin und Noradrenalin, welche die sogenannte „erste Stress-Reaktion“ bestimmen, sowie langsamer wirkender Substanzen wie Cortisol und seiner Vorstufen Corticotropin-Ausschüttungshormon (CRF bzw. CRH) und Adrenocorticotropes Hormon (ACTH), die mit ihrer Wirkung beginnen, wenn der Stress nicht vorübergehender, sondern anhaltender Art ist. Die Funktion dieses Stressverarbeitungssystems besteht darin, den Organismus zur Bewältigung körperlicher und psychischer Belastungen und Herausforderungen zu befähigen. Es entsteht sehr früh in der Entwicklung des Gehirns, d. h. bereits vorgeburtlich in den ersten Schwangerschaftswochen, ist aber erst am Ende des ersten nachgeburtlichen Lebensjahres gut funktionsfähig.

Menschen unterscheiden sich stark in der Art, wie sie mit Stress umgehen, d. h., es gehört zu den grundlegenden Persönlichkeitseigenschaften von Menschen, wie viel Stress sie vertragen können, ob sie also Stress-Toleranz zeigen, wie schnell und effektiv sie potenziell negative und bedrohliche Dinge erkennen, wie schnell die Stressachse Körper und Gehirn bei ihnen „hochfährt“ und wie schnell sie die Aufregung wieder „herunterfahren“ können. Manche Menschen vertragen viel Stress und laufen unter Belastung zur Hochform auf, haben aber Schwierigkeiten, sich wieder „abzuregen“. Andere sind sehr stressempfindlich und vertragen kaum eine Belastung oder Aufregung, sie neigen dann dazu, aufregende oder belastende Situationen generell zu vermeiden. Schließlich gibt es Menschen, die sich gar nicht aufregen können und deshalb den Unbilden des Lebens völlig schutz- und willenlos ausgeliefert sind. hier spielen vorgeburtliche und früh nachgeburtliche traumatisierende Ereignisse bzw. starke Bindungsdefizite eine große Rolle.

Das zweite Grundsystem ist das interne **Beruhigungssystem**. Es entwickelt sich zum Teil ebenfalls vor der Geburt und insbesondere früh nachgeburtlich. Es ist überwiegend von der Hirnsubstanz Serotonin (5-Hydroxytryptamin, abgekürzt 5-HT) bestimmt. Serotonin bewirkt über bestimmte Typen von neuronalen Andockstellen (Rezeptoren) eine Dämpfung und Beruhigung und ist wesentlich an der Unterdrückung schädlicher Handlungsimpulse beteiligt – „Tu lieber nichts, als dass du etwas Falsches tust!" Ein Mangel an Serotonin, meist in Kombination mit einem erhöhten Spiegel an Cortisol, ruft u. a. Depression, Ängstlichkeit, das Zurückschrecken vor Risiken, reaktive Aggression und Impulsivität hervor. Menschen interpretieren dann typischerweise die Welt als bedrohlich und fühlen sich ständig beunruhigt, was sich – meist bei Männern – oft in „reaktiver" körperlicher Gewalt („Man muss sich ja schließlich wehren!"), bei Frauen eher in Selbstverletzung und Selbstvorwürfen („Ich selbst bin an allem schuld.") und bei beiden Geschlechtern in Depression äußert. Auch hier spielen vor- und nachgeburtliche traumatische Erfahrungen eine entscheidende Rolle.

Das dritte Grundsystem ist das interne **Bewertungssystem**. Es registriert alles, was eine Person erlebt oder tut, im Hinblick auf seine Konsequenzen für das eigene Wohlergehen und zieht daraus Schlüsse für das weitere Verhalten. Das Registrieren positiver Ereignisse ist, wie bereits erwähnt, mit der Ausschüttung hirneigener Opioide verbunden, die – im Hypothalamus und in der Hypophyse produziert – auf viele Zentren des Gehirns einwirken und dann mit dem Gefühl der Belohnung und damit mit Freude, Vergnügen und Lust verbunden sind. Das Gefühl der Unlust und des Schmerzes ist hingegen mit der Ausschüttung anderer Stoffe wie Substanz-P („P" für „pain") und Vasopressin verbunden. Diese Positiv-Negativ-Bewertung entwickelt sich bereits sehr früh, spätestens im ersten Lebensjahr, und legt fest, wie stark eine Person auf Belohnung und auf Bestrafung reagiert und ob sie damit eher belohnungs- bzw. erfolgsempfänglich („extravertiert") oder bestrafungs- bzw. misserfolgsempfänglich („neurotizistisch") ist. Entsprechend zeigt sich bei den „Sensationshungrigen" ein hohes Maß an Dopamin kombiniert mit einem geringen Spiegel an Serotonin. Eine solche Mischung bringt die „innere Leere" hervor, von denen diese Menschen berichten und die sie mit dem „Kick" vorübergehend auszufüllen versuchen.

Das Bewertungssystem ist Grundlage des **Motivationssystems,** indem es uns signalisiert, dass Dinge und Handlungen, die in der Vergangenheit zu Belohnung führten, wiederholt, und Dinge und Handlungen, die zu Bestrafung führten, vermieden werden sollten. Die Wiederholungstendenz beruht auf der unbewussten oder bewussten Annahme, dass sich bei einer Wiederholung die Belohnung oder Bestrafung erneut einstellt – sie ist also durch die Belohnungs- und Bestrafungserwartung getrieben. Diese Prozesse sind an die Ausschüttung des Neuromodulators Dopamin gebunden. Dopaminproduzierende und dopamingetriebene Nervenzellen, wie sie z. B. im Nucleus accumbens zu finden sind, signalisieren mit Erhöhung bzw. Erniedrigung ihrer Aktivitätszustände die individuellen Belohnungs- und Bestrafungserwartungen sowie unterschiedliche Aspekte der Erwartungen wie Höhe, Auftrittswahrscheinlichkeit, Risiko von Belohnung oder Bestrafung. Wenn wir uns also in einer spezifischen Situation befinden, so überprüft das Gehirn blitzschnell, ob die Situation bereits bekannt ist, und wenn ja, welche positiven oder negativen Erfahrungen dabei gemacht wurden. Im positiven Fall motiviert uns dann ein Dopamin-Stoß, frühere Verhaltensweisen zu wiederholen, und im negativen Fall ein Substanz-P- oder Vasopressin-Stoß, uns der Situation zu entziehen bzw. die geplante Handlung zu unterlassen.

Das vierte Grundsystem ist das **Impulshemmungssystem**. Das Verhalten von Säuglingen und Kleinkindern ist in der Regel egozentrisch, impulsiv und duldet keinen Belohnungsaufschub („Ich will alles, und zwar sofort!"). Impulshemmung und Toleranz gegenüber Belohnungsaufschub bzw. Aufschub der Beseitigung negativer Dinge sind für die Reifung der Persönlichkeit von großer Bedeutung und entwickeln sich vom ersten Lebensjahr an bis zum Erwachsenenalter. Verantwortlich sind hierfür auf hirnorganischer Seite das Ausreifen des unteren und inneren Stirnhirns und die dortige Höhe von Cortisol, Dopamin und Testosteron als impulsfördernden Stoffen und Serotonin als impulshemmendem Stoff. Das untere und das innere Stirnhirn bilden hemmende Bahnen zu den limbischen Zentren aus, die auf der unteren und mittleren limbischen Ebene ausgebildet sind, und zwar vor allem zur Amygdala und zum Nucleus accumbens. Diese sind, wie geschildert, ihrerseits auf impulsive Reaktionen und unmittelbare Befriedigung egozentrischer Motive ausgelegt. Die Sozialisierung eines Menschen zu einem „wertvollen Teil der Gesellschaft" geht direkt mit der Ausbildung dieser hemmenden Bahnen und damit mit einer effektiven Impulskontrolle einher. Manche Menschen können es einfach nicht abwarten, greifen sofort zu oder drängeln sich überall vor. Zum Aufmerksamkeitsdefizit-Hyperaktivitäts-Syndrom (ADHS), von dem im dritten Teil dieses Buches die Rede sein wird, gehört zentral eine solche mangelnde Impulskontrolle.

Das fünfte System ist das **Bindungs- und Empathiesystem**. Als Bindungssystem entwickelt es sich unmittelbar nach der Geburt, wenn der Säugling beginnt, seine Mutter oder eine andere primäre Bezugsperson gezielt anzulächeln, die Arme nach ihr auszustrecken und in immer komplexerer Weise mit ihr zu interagieren. Man nimmt an, dass sich durch dieses System die emotionale Kopplung zwischen Kleinkind und Mutter verstärkt und die Ausdifferenzierung der Gefühlswelt des Säuglings und Kleinkindes vorangetrieben wird. Hierdurch wird das Kleinkind im Rahmen seines Temperaments nachhaltig auf die individuelle Emotionalität der Mutter geprägt. Eine wesentliche Rolle bei dieser Bindung spielt das Neuropeptid Oxytocin, das bei Mutter-Kind-Beziehungen, bei erwachsenen Paarbeziehungen, beim Sexualverhalten, aber auch allgemein bei vertrauensvollen sozialen Kontakten zwischen Jugendlichen und Erwachsenen als „Bindungshormon" ausgeschüttet wird. Verstärkt wird diese Wirkung durch die Freisetzung endogener Opioide und Serotonin, die das Wohlgefühl und den Zustand der Beruhigung bei intensiven sozialen Beziehungen verstärken.

Dieses Bindungssystem ist auch die Grundlage gegenseitigen Vertrauens im Jugend- und Erwachsenenalter, etwa zwischen Lehrenden und Lernenden, der Feinfühligkeit und des gegenseitigen Respekts, wie sie für eine erfolgreiche Schule notwendig sind.

Das sechste Grundsystem ist das des **Realitätssinns** und der **Risikowahrnehmung**. Es entwickelt sich in stärkerem Maße nach dem dritten Lebensjahr, wenn sich die kognitiven Fähigkeiten des Gehirns, insbesondere in Hinblick auf Aufmerksamkeit und Gedächtnisleistungen, allmählich entwickeln. Dieses System ist vornehmlich an die Hirnsubstanzen Noradrenalin und Acetylcholin gebunden, die die kognitiven Bereiche der Großhirnrinde, besonders das Stirnhirn, sowie den für Lernen und Gedächtnis von Geschehnissen und Wissensinhalten („deklaratives Gedächtnis") zentralen Hippocampus beeinflussen. Noradrenalin erhöht die generelle Aufmerksamkeit und Zuwendung, Acetylcholin erhöht die Konzentration durch eine Fokussierung neuronaler Aktivität im Arbeitsgedächtnis und beim gezielten Abruf von Gedächtnisinhalten.

Zu den Funktionen dieses Systems gehört auch die Fähigkeit, die Folgen eigenen Handelns möglichst realistisch abzuschätzen und Vorteile wie Risiken einer bestimmten Situation zu erkennen. Hier spielt vornehmlich die Aktivität des oberen äußeren und inneren Stirnhirns (dorsolateraler präfrontaler und anteriorer cingulärer Cortex) eine Rolle. Dieses rational-kognitive System entwickelt sich zusammen mit der „Sozialisation" sehr langsam und ist erst zu Beginn des Erwachsenenalters mehr oder weniger ausgereift.

Das Erreichen des Erwachsenenalters ist entsprechend charakterisiert durch die Tatsache, dass junge Leute mit der Zeit „zu Vernunft und Verstand" gekommen sind. Dies beinhaltet, dass sie in der Lage sind, zu erkennen, dass manche Verhaltensweisen fatale Konsequenzen nach sich ziehen können, und gleichzeitig gelernt haben, sich zu „benehmen", d. h. gesellschaftlich korrekt zu handeln und damit die Zuneigung oder zumindest die Achtung der anderen zu gewinnen bzw. zu erhalten. Allerdings hält eine gute Risikowahrnehmung allein eine Person nicht automatisch davon ab, etwas Unvernünftiges zu tun. Hier ist die Zuarbeit des unteren und des inneren Stirnhirns (orbitofrontaler und ventromedialer Cortex) nötig, in dem die emotionalen Bewertungen unseres Handelns gespeichert sind. Dies erklärt, warum Menschen zuweilen (oder oft) schlechte Dinge wider besseren Wissens tun, nämlich wenn ihr unteres und inneres Stirnhirn keine entsprechenden Bewertungen enthält.

Die geschilderten psychoneuronalen Grundsysteme entstehen auf den unterschiedlichen limbischen Ebenen und schließlich auf der kognitiv-sprachlichen Ebene in einer komplexen Wechselwirkung zwischen Genen und Genregulationsmechanismen („Epigenetik") einerseits und Umwelteinflüssen andererseits. Dies geschieht teilweise bereits vor der Geburt (über das Gehirn der werdenden Mutter) und dann überwiegend in den ersten Lebensmonaten und -jahren. Die Persönlichkeit eines Menschen ist dann ein hochkomplexes Mosaik der individuellen Ausprägungen der Grundsysteme.

Vergleich des neuronalen Persönlichkeitsmodells mit den „Big Five"

Man kann die innerhalb der „Big Five" beschriebenen grundlegenden Persönlichkeitsmerkmale gut mit den Eigenschaften und Ausprägungen der soeben beschriebenen psycho-neuralen Grundsysteme in Einklang bringen und somit neurobiologisch begründen. Eine deutliche Ausprägung der Dimension „Extraversion" korreliert mit einem robusten Stressverarbeitungssystem und einer hohen Frustrationstoleranz in Verbindung mit starken Belohnungserwartungen. Zudem besteht ein enger Zusammenhang mit einem hohen Spiegel an Dopamin und hirneigenen Opioiden sowie im Bereich der „Geselligkeit" mit einem deutlich entwickelten Oxytocin-Bindungssystem.

Extravertierte Menschen trauen sich meist selbst viel zu, erwarten vom Leben hinreichend Belohnungen, nehmen Enttäuschungen aber nicht so schwer, sondern hoffen auf die nächste Chance. Sie schauen also eher positiv und unternehmungslustig in die Welt, nehmen viele Dinge nicht so genau, reagieren aber oft voreilig und können damit ihren Mitmenschen schnell auf die Nerven gehen.

Menschen mit hohem Neurotizismuswert zeichnen sich durch eine niedrige Frustrationstoleranz, ein schwaches Selbstberuhigungssystem und ein ebenso schwaches Belohnungserwartungssystem sowie eine übertriebene Risikowahrnehmung aus. Sie sind eher ängstlich und veränderungsscheu, weil jede Veränderung Risiken mit sich bringt. Lieber tun sie nichts, als dass sie riskieren, etwas Falsches zu tun. Ihr Verhaltensantrieb ist deshalb gering. Das Merkmal „Gewissenhaftigkeit" ist bei ihnen oft ausgeprägt und geht einher mit einer effektiven Impulskontrolle und Risikowahrnehmung. Je mehr schiefgehen könnte, desto sorgfältiger bereiten sie sich vor, oder sie kontrollieren ihre eigene Lebenswelt und oft auch die der anderen. Dies kann zu einem regelrechten Kontrollzwang führen oder zum eigensinnigen Beharren auf eigenen Vorstellungen usw.

Der Grundfaktor „Verträglichkeit" ist verbunden mit einer ausgeprägten Frustrationstoleranz zusammen mit einem gut entwickelten internen Selbstberuhigungssystem sowie einem gut funktionierenden Bindungs-, Empathie- und Impulshemmungssystem. Wenn ihr Ehrgeiz und ihre Handlungsbereitschaft gering ausgeprägt sind, so sind diese Menschen freundlich, eher passiv, umgänglich und hilfsbereit, gegebenenfalls sogar bereit, auf die Verwirklichung eigener Interessen zu verzichten („Helfersyndrom"). Sie sind dann auch „geborene Opfer" von Schikanen und Ausbeutung.

Der Grundfaktor „Offenheit/Intellekt", der mit „Extraversion" verwandt ist, wird durch ein starkes Belohnungserwartungssystem und ein funktionierendes Selbstberuhigungssystem sowie einen entwickelten Realitätssinn charakterisiert. Menschen mit einer mittleren bis starken Ausprägung dieses Grundfaktors sind neugierig und wissbegierig, haben eine hohe Lernbereitschaft, sind oft auch ehrgeizig, gehen dabei aber meist mit Bedacht vor und schätzen Vor- und Nachteile einer Situation und des eigenen Handelns gut ein.

Die geschilderten Persönlichkeitsmerkmale siedeln sich im Rahmen der sechs psychoneuralen Grundsysteme auf den drei limbischen Ebenen an. Das bedeutet, dass einiges an unserer Persönlichkeit – man schätzt 20–30 % – genetisch vorgegeben ist oder sich während der vorgeburtlichen Entwicklung ausprägt und das Temperament ausmacht, mit dem wir auf die Welt kommen. An unserem Temperament können wir und andere sehr wenig bis nichts ändern. Demgegenüber sind diejenigen Merkmale, die sich nach der Geburt entwickeln und etwa 50 % unserer Persönlichkeit ausmachen, stärker veränderbar, insbesondere innerhalb der ersten Jahre der Kindheit. Die Veränderbarkeit der Persönlichkeit lässt zum Erwachsenenalter hin deutlich nach und bildet die restlichen 20–30 %. Entwicklungs- und Persönlichkeitspsychologen sagen uns, dass die wesentlichen Zügen der Persönlichkeit eines Menschen bereits mit 15 Jahren festgelegt sind und man seine Persönlichkeit im Alter von 40 Jahren schon gut vorhersagen kann (vgl. Asendorf und Neyer, 2012).

Interessanterweise vollziehen sich in der Phase der Pubertät, die vom Pubertierenden selbst und von anderen oft als „emotionales Chaos" empfunden wird, nur relativ geringe Veränderungen der Kernpersönlichkeit. Vielmehr ist man „danach" in aller Regel wieder die Persönlichkeit, die man vorher war, natürlich mit Ausnahme des geschlechtsspezifischen Verhaltens. Auch in der Phase der „Abnabelung" von der Herkunftsfamilie vollzieht sich weniger eine Veränderung der eigenen Persönlichkeit als eine Anpassung an neue Umwelten, d.h., man wählt vielmehr eher diejenige Umwelt, die am besten zu einem passt (Asendorf, 2004).

Wichtige Eigenschaften der Lehrerpersönlichkeit

Die entscheidenden Eigenschaften eines guten Lehrers sind Glaubwürdigkeit und Vertrauenswürdigkeit, fachliche Kompetenz und Feinfühligkeit im Umgang mit den Schülern.

Glaubwürdigkeit und Vertrauenswürdigkeit

Lehren und Lernen sind, wie jeder kommunikative Akt, stark vom gegenseitigen Vertrauen bestimmt. In den meisten Fällen können wir Mitteilungen einer Person, z. B. eines Lehrers, gar nicht auf ihren Wahrheitsgehalt hin überprüfen, sondern akzeptieren sie, sofern diese Person vertrauenswürdig und kompetent wirkt. Emotionspsychologen und Neuropsychologen haben herausgefunden, dass zu Beginn einer jeden kommunikativen Begegnung die Vertrauenswürdigkeit des Gegenübers eingeschätzt wird. Dies ist in der sozialen Interaktion ein höchst wichtiger Vorgang, der innerhalb weniger Sekunden stattfindet, und zwar über eine meist unbewusste Analyse des Gesichtsausdrucks (besonders der Augen- und Mundstellung), der Prosodie (der sprachlichen Merkmale wie Lautstärke, Stimmhöhe, Stimmführung usw.), der Gestik und der Körperhaltung. Dieser „erste Eindruck" sagt allerdings nichts über die fachlichen Fähigkeiten und die Intelligenz der beurteilten Person aus, sondern konstatiert nur, dass sie vertrauenswürdig ist, und dieser Eindruck wirkt langfristig nach.

Hirnforscher haben sich in den vergangenen Jahren intensiv mit den neuronalen Grundlagen dieses schnellen Abschätzens der Vertrauenswürdigkeit befasst. Zu den beteiligten Gehirnteilen gehören Zentren im rechten Schläfen- und Hinterhauptslappen, so der Sulcus temporalis superior, abgekürzt STS, der für die Wahrnehmung der Gesichtsdynamik und damit der Mimik im engeren Sinne zuständig ist, sowie die sogenannte spindelförmige Windung (Gyrus fusiformis, GF), die mit der Identifizierung von Gesichtern zu tun hat. Beide – STS und GF – informieren zusammen über das genaue Aussehen und die Identität eines Gesichts. Die Identität des Gesichts muss aber nicht bekannt sein: Diese schnelle Vertrauens- und Sympathieprüfung geschieht auch und besonders bei unbekannten Gesichtern.

Dieser Vorgang ist begleitet von einer „subcorticalen", d. h. unterhalb der Hirnrinde (dem Cortex) ablaufenden unbewussten Gesichtserkennung. Die bereits erwähnte Amygdala ist einerseits zu einer emotionalen Gesichtserkennung befähigt, z. B. beim Anblick eines ängstlichen, aggressiven oder wutverzerrten Gesichtes. Andererseits erhält sie Eingänge vom STS und GF und reagiert auf mimische Signale, insbesondere im Hinblick auf die Glaubwürdigkeit bzw. Unglaubwürdigkeit von Gesichtern und Personen. Die Amygdala leitet dann ihre unbewussten Informationen zuerst zum Nucleus accumbens weiter, der auf positive Reize (z. B. auf einen freundlichen Blick) mit einer Erhöhung der Aktivität reagiert. Gleichzeitig werden bestimmte positiv stimmende Hirnsubstanzen wie die endogenen Opioide oder negativ stimmende Substanzen wie Vasopressin und Substanz P ausgeschüttet, die von einer Verringerung der Aktivität des Nucleus accumbens begleitet werden. Dies aktiviert dann den insulären und anterioren cingulären Cortex, in dem dann das eher intuitiv-diffuse Gefühl der Sympathie bzw. Antipathie erzeugt wird, das wir uns entsprechend gar nicht genau erklären können.

Man hat herausgefunden, dass der Grad der Aktivierung der Amygdala und des Nucleus accumbens durch Gesichter zu fast 90 % übereinstimmt mit der subjektiven Einschätzung von Personen im Hinblick auf Glaubwürdigkeit bzw. Unglaubwürdigkeit der Träger dieser Gesichter, wobei die Amygdala umso stärker aktiv ist, je unglaubwürdiger die Gesichter erscheinen – so als würde sie vor diesen „warnen". Diese Funktionen der Amygdala und des Nucleus accumbens sowie weiterer Hirnzentren bilden zusammen mit den genannten corticalen Gebieten eine wichtige Grundlage für den Effekt des ersten Eindrucks: Wir haben oft schon nach wenigen Sekunden das Gefühl, dass uns jemand „irgendwie sympathisch" ist und wir ihm entsprechend trauen können, oder uns jemand „irgendwie unsympathisch" ist und Misstrauen erzeugt.

Forscher haben festgestellt, dass man eine Person, die man bei der ersten Begegnung glaubwürdig oder unglaubwürdig findet, in rund 70 % der Fälle auch nach einem Jahr so einschätzt. Es muss also irgendetwas existieren, was garantiert, dass dieses schnelle Urteil relativ verlässlich ist. Die Erklärung dafür ist, dass Glaubwürdigkeit ebenso wie Unglaubwürdigkeit von Personen, z. B. den Lehrern, sprichwörtlich ausgestrahlt wird. Dies hängt mit der Tatsache zusammen, dass die genannten Teile des limbischen Systems, also Amygdala, Nucleus accumbens, anteriorer und insulärer Cortex sowie weitere Teile des limbischen Gehirns Blickbewegungen, Mimik, Gestik und Körperhaltung direkt steuern und man dies nicht oder nur schwer und mit einer Verzögerung von einer halben bis einer Sekunde willentlich steuern kann. Das heißt, in der ersten Sekunde enthüllt sich dem Gegenüber hierüber zu einem beträchtlichen Teil die Persönlichkeit einer Person, ohne dass diese Person dies verhindern kann.

Dieser erste Eindruck ist insofern relativ stabil, als rund zwei Drittel derjenigen, die auf Anhieb als sympathisch und vertrauenswürdig empfunden werden, auch noch nach einem Jahr entsprechend wirken. Leider stimmt dieses Sympathie-Antipathie-Urteil nicht immer mit sachlichen Qualitäten überein, d. h., ein auf Anhieb sympathischer Mensch muss nicht unbedingt weitere positive Eigenschaften haben und muss auch nicht für eine bestimmte Aufgabe oder Tätigkeit, wie z. B. den Lehrerberuf, besonders qualifiziert sein. Das Bedeutsame an diesem ersten Eindruck ist, dass er unser Urteil und unser Verhalten nachhaltig beeinflusst. So zeigen wir gegenüber einer Person, die uns auf Anhieb sympathisch war, sich später aber als nicht besonders verlässlich und qualifiziert erweist, erheblich mehr Nachsicht. Wir versuchen, ihre Fehler und Versäumnisse zu entschuldigen, während wir auf eine Person, die uns auf den ersten Blick eher unsympathisch war, die sich aber als äußerst qualifiziert und verlässlich erweist, immer einen eher kritischen Blick werfen.

Dieses Phänomen gilt auch für Schule und Unterricht. Schüler stellen bei der ersten Begegnung schnell – teils unbewusst, teils intuitiv – fest, ob der Lehrende motiviert ist, den Stoff beherrscht und sich mit dem Gesagten identifiziert und damit vertrauenswürdig ist. Wenn ein nach vielen Jahren des Lehrerdaseins ermüdeter und enttäuschter Lehrer Wissensinhalte vorträgt, von denen er selbst nicht weiß, ob sie überhaupt noch gültig sind, so drückt sich dies – ob er will oder nicht – in seiner Mimik, Gestik, Körperhaltung und Stimmführung aus, was in den Gehirnen der Schüler eine Aufforderung zum Weghören ist. Umgekehrt kann ein sehr engagierter Lehrer seine Schüler für nahezu jeden beliebigen Stoff begeistern. Der Lehrer ist für den Schüler eine Leitfigur, ein Vorbild: Alle Schulreformbemühungen müssen dieser Tatsache Rechnung tragen, auch diejenigen, die die Eigenaktivitäten der Schüler zu Recht hoch bewerten.

Das prägende Erlebnis der „ersten Begegnung“ haben natürlich auch die Lehrenden. Sie entwickeln etwa als Klassenlehrer gleich in den ersten Unterrichtsstunden (manchmal sogar in den ersten Unterrichtsminuten), meist vor- und unbewusst, höchst individuelle Grundeinstellungen der Sympathie und Antipathie gegenüber den Lernenden, oft ausgelöst durch zufällige Verhaltensweisen wie das freundlich-interessierte Anblicken des Lehrers oder das desinteressierte Aus-dem-Fenster-Schauen. Da die so entstandenen Grundeinstellungen die weitere Interaktion mit den Schülern maßgeblich beeinflussen, muss sich der Lehrende der Bedeutung dieser Vorgänge immer bewusst sein. Viele Lehrer haben bestimmte Schüler von der ersten Begegnung an „auf dem Kieker“, ohne dass ihnen diese Tatsache und die Gründe hierfür bewusst wären, und die Betroffenen können auch durch gute Leistungen an dieser Grundeinstellung oft nicht viel ändern. Umgekehrt kommen bestimmte Schüler von Beginn an gut mit bestimmten Lehrern aus und werden von diesen dann meist auch besonders günstig bewertet. Dies erklärt, warum ein Lehrerwechsel einige Schüler plötzlich deutlich besser oder schlechter werden lässt.

Solche neurobiologisch und psychologisch fundierten Erkenntnisse sind äußerst wertvoll angesichts der großen Verunsicherung hinsichtlich der Frage vieler Lehrer, was sie denn überhaupt noch in der Schule zu suchen haben, wo nach Meinung vieler Pädagogen und Didaktiker Lernen zum großen Teil selbstorganisiert und selbstgesteuert sein soll. Während Selbstorganisation und Selbststeuerung beim Lernen zweifellos sehr wichtig sind, bleibt die Rolle des Lehrenden entscheidend für den Lehr- und Lernerfolg – und zwar unabhängig davon, ob er frontal unterrichtet, zur Gruppenarbeit anleitet oder Einzelarbeit begleitet.

Seine Kompetenz, Glaubwürdigkeit und Feinfühligkeit schaffen die Rahmenbedingungen für den Schulerfolg. Dies wurde durch die anfangs erwähnte Hattie-Studie sowie durch zahlreiche andere Untersuchungen eindrucksvoll belegt.

Fachliche Kompetenz

Fachliche Kompetenz des Lehrenden sollte eine Selbstverständlichkeit sein. Lernende haben ein feines Gespür dafür, ob eine Lehrperson den Unterrichtsstoff beherrscht, Kompetenzlücken zu überspielen versucht oder, aufgrund des Wissens um eigene Unzulänglichkeiten, verunsichert ist. Die Kompetenz der Lehrperson drückt sich, wie soeben dargestellt, unmittelbar in der nichtverbalen Kommunikation, d. h. in Mimik, Gestik, Körperhaltung und Stimmlage, aus und wird von den Schülern wahrgenommen, wenngleich oft nur unbewusst oder intuitiv.

Bei der fachlichen Kompetenz des Lehrers geht es keineswegs um seine Fähigkeit, Inhalte höchst wissenschaftlich darbieten zu können, was die meisten Schüler überfordern würde, sondern um das Durchdrungen-Haben des Inhalts, denn nur so kann er mit dem Stoff souverän umgehen und dessen Darbietung quantitativ und qualitativ dem geistigen Entwicklungsalter der Lernenden anpassen.

Es ist deshalb dringend zu fordern, dass Lehrpersonen eine regelmäßige Schulung in ihren Unterrichtsfächern erhalten. Vielerorts ist das Wissen, das sie sich einmal an den Hochschulen angeeignet haben und das bereits damals in der Regel schon einigermaßen veraltet war, als Schulwissen vom Stand der Forschung meist weit entfernt. Diese Diskrepanz erleben die Schüler dann leiderfüllt, wenn sie feststellen müssen, dass dasjenige, was sie bei einem bestimmten Lehrer gelernt haben, überhaupt nicht mehr stimmt.

Feinfühligkeit und Kritikfähigkeit

In der großen Studie von John Hattie (Hattie, 2013), die auf mehr als 50.000 Einzelstudien und 800 zusammenfassenden Studien zur Frage nach den Wirksamkeitsfaktoren beim Lehren und Lernen beruht, rangiert die vertrauensvolle Atmosphäre zwischen Lehrenden und Lernenden ganz oben, insbesondere die Fähigkeit des Lehrenden, eine qualifizierte Rückmeldung über Leistungsfortschritte und -mängel an die Schüler zu geben. Der Lehrende muss aber auch dafür sorgen, dass die

Schüler dem Lehrenden Rückmeldungen geben können, und er muss in der Lage sein, Rückmeldungen auch kritischer Art zu ertragen und positiv zu verarbeiten. Wie dargelegt, sind Frustrationstoleranz und die Fähigkeit, Kritik zu ertragen, zentrale Bestandteile einer reifen Lehrerpersönlichkeit.

Mit der Ermöglichung gegenseitiger Kritik und Erfolgskontrolle kann in der Schule eine „pädagogische Allianz" zwischen Lehrenden und Lernenden hergestellt werden – ähnlich der inzwischen vielgerühmten „therapeutischen Allianz" zwischen Therapeut und Patient in der Psychotherapie. Dabei geht es darum, ein Klima des gegenseitigen Respekts herzustellen. Dies schließt ein, dass der Lehrende in der Lage ist, die individuelle Persönlichkeitsstruktur der Schüler, ihre Vorlieben und Abneigungen und natürlich insbesondere ihre Begabungen und Defizite hinreichend zu erfassen. Dazu gehört auch, wie wir im dritten Teil erfahren werden, das möglichst frühzeitige Erkennen von Lernschwierigkeiten unterschiedlichster Art, von kognitiven und emotionalen Defiziten, von psychischen Störungen wie Depression, ADHS und Autismus und von Verhaltensstörungen wie die Neigung zu Gewalt und eine antisoziale Persönlichkeitsstörung.

Der Lehrende muss die Fähigkeit besitzen, Abweichungen vom „Normalverhalten" zu erkennen und gegebenenfalls Eltern, die Schulleitung und Experten (in der Regel Schulpsychologen) zu kontaktieren oder einen solchen Kontakt einzufordern. Er muss erkennen können, welche möglichen Ursachen plötzliche Leistungseinbrüche bei Schülern haben, z. B. körperliche oder psychische Erkrankungen (Angststörungen, Depression, Phobien), Entwicklungsstörungen, Konflikte innerhalb der Klasse bzw. Schule, familiäre Konflikte oder Notsituationen. Bei alldem muss er kein ausgebildeter Persönlichkeitspsychologe, geschweige denn Psychotherapeut sein, aber er muss genügend Wissen über die Persönlichkeitsstruktur der Schüler besitzen, um zu entscheiden, welche Maßnahmen zu ergreifen sind. Ein solches Wissen, während der Ausbildung kompetent vermittelt und in der Fortbildung immer wieder erneuert, hilft außerordentlich, den Stress der Lehrenden abzubauen.

Motivationsfähigkeit

Der Lehrer muss in der Lage sein, seine Schüler für die Schule allgemein, für das Lernen und für den von ihm zu unterrichtenden Stoff zu motivieren. Dies ist umso nötiger, je bildungsferner die Herkunftsfamilie der jungen Menschen ist. „Bildungsferne" heißt in der Regel ja nicht bzw. nicht nur, dass die Eltern keine hinreichende oder für sie befriedigende Ausbildung genossen haben, sondern dass sie der Ausbildung ihrer Kinder gleichgültig oder gar ablehnend gegenüberstehen. Schule wurde von ihnen in ihrer eigenen Jugend, vielleicht sogar zu Recht, meist als etwas Fremdes oder Negatives, Zweck- und Nutzloses erlebt. Diese Einstellung wird von den Eltern bewusst (z. B. durch abfällige Bemerkungen über die Schule), intuitiv oder unbewusst an ihre Kinder weitergegeben. Auf diese Weise wird Bildungsferne kulturell vererbt. Am meisten haben darunter die Mädchen zu leiden und gerade auch diejenigen, die lernen wollen.

Dies betrifft keineswegs nur und nicht einmal vorrangig Kinder mit Migrationshintergrund, sondern häufig auch solche aus deutschen Familien, die in problematischen sozialen Verhältnissen leben. Der Lehrer muss unter Einbeziehung der Schulleitung im Gespräch mit den betroffenen Schülern und ihren Eltern bleiben. Hier heißt es: Je früher, desto besser.

Es gibt viele Arten, junge Menschen zu motivieren, von Sport und Musizieren über Theaterspielen bis hin zu Lesekreisen – Aktivitäten, die es ihnen ermöglichen, sich zumindest zeitweise aus den beengenden familiären Verhältnissen zu lösen und neue Kontakte zu knüpfen. Der Spaß an solchen Aktivitäten überträgt sich erfahrungsgemäß auch auf das schulische Lernen.

Der erste Schritt zur Motivation der Lernenden ist immer das Wecken von Interesse am Stoff, was die Begeisterungsfähigkeit, Kompetenz und Feinfühligkeit des Lehrenden voraussetzt und die Anschlussfähigkeit des Stoffs an die Lebenswelt und die Vorerfahrung der Lernenden. Der Lernende lernt, weil er dem Lehrenden vertraut und sich von ihm begeistern lässt und weil ihm der Stoff „etwas sagt". Dies setzt die Fähigkeit des Lehrenden voraus, den Lernenden dort abzuholen, wo er sich in seinem Wahrnehmen, Denken und Fühlen befindet. Eine wichtige Motivation ist zunächst auch der Vergleich mit den Leistungen der Mitschüler – also das Streben, besser zu sein als die anderen (Fremdorientierung, extrinsische Motivation). Der Lehrende muss jedoch darauf achten, dass die Lernenden zum einen zunehmend eine intrinsische Motivation über die Freude am Lernen und am Wissenserwerb entwickeln und sich zum anderen am eigenen Lernfortschritt orientieren (Selbstorientierung). Hierzu gehört auch, dass die Lernenden vom Lehrenden zunehmend dahin geführt werden, zumindest in Teilen selbstreguliert zu lernen (s. unten).

Wichtige Eigenschaften der Schülerpersönlichkeit

Was über den Aufbau der Persönlichkeit gesagt wurde, gilt für Lehrende ebenso wie für Lernende. Lehrende wie Lernende sind in ihren Persönlichkeitseigenschaften sehr unterschiedlich, auch wenn bei Schülern diese Eigenschaften meist noch nicht voll entwickelt sind. Man geht, wie erwähnt, in der psychologischen und neurobiologischen Persönlichkeitsforschung davon aus, dass im Alter von rund 15 Jahren die Persönlichkeit eines Menschen in ihren Grundzügen weitgehend festgelegt ist und man daher zu diesem Zeitpunkt seine Persönlichkeit im Erwachsenenalter relativ gut vorhersagen kann. Das betrifft innerhalb des oben vorgestellten „Vier-Ebenen"-Modells die untere und die mittlere limbische Ebene, die sich in früher Kindheit ausbilden, sowie Teile der oberen limbischen und der kognitiven Ebene, die sich in späterer Kindheit und Jugend im Rahmen der Sozialisation und des Erwerbs von Wissen und Fähigkeiten entwickeln. Bis zum Erreichen des Erwachsenenalters und darüber hinaus wandeln sich jedoch die Formen sozialer Interaktion und insbesondere das Selbstbild noch bis zu einem gewissen Grad.

Für das schulische Lernen sind aufseiten der Schüler die folgenden Persönlichkeitseigenschaften wichtig: kognitive Offenheit und Neugier, Gewissenhaftigkeit, Verträglichkeit und gute Impulskontrolle, geringe neurotizistische Angst vor dem Neuen und ein gutes Maß an Extraversion, d. h., soziale Offenheit. Diese Merkmale haben mit einer guten Stressverarbeitung und Selbstberuhigung, mit einer ausgeprägten Bindungsfähigkeit, mit einer hohen Motivierbarkeit und mit der Fähigkeit, Gegebenheiten und Herausforderungen realistisch zu erkennen und Risiken abzuschätzen, zu tun. Sie befördern das Zutrauen zu sich selbst und den eigenen Kräften, ohne diese zu überschätzen und ohne zu große Angst zu versagen. Die Entwicklung dieser Merkmale benötigt auch in der Schule eine Unterstützung durch den Lehrer.

Zielorientierung und Selbstmotivation

Wichtiger Bestandteil erfolgreichen schulischen Lernens ist eine klare Zielorientierung. Dies beinhaltet das genaue Erfassen des Ziels und der damit verbundenen Rahmenbedingungen (Höhe und Auftrittswahrscheinlichkeit der erwarteten Belohnung, Aufwand, widrige Umstände usw. – „Lohnt sich das alles?"), die Fähigkeit zur Abwehr konkurrierender Ziele (z. B. einer Fete mit den Freunden), eine realistische Einschätzung der eigenen Fähigkeiten und Fertigkeiten („Kann ich das überhaupt schaffen?"), Ausdauer und – vor allem – Fleiß. Hier zeigen sich leider deutliche Unterschiede zwischen Jungen und Mädchen: Während Fleiß innerhalb der Altersgenossinnen als „neutral" angesehen wird, gilt er unter den gleichaltrigen Jungen als „uncool" – mit der Konsequenz, dass ein Schüler, der fleißig ist bzw. sein will, dies verbergen bzw. abstreiten muss, um nicht als Streber oder Schleimer zu gelten.

Zum erfolgreichen schulischen Lernen gehört unabdingbar auch die Fähigkeit, sich selbst zu motivieren. Dies kann durchaus aufgrund externer Belohnungsaussichten geschehen, d. h., wenn eine materielle Belohnung (Geld für gute Noten) oder Anerkennung durch die Eltern, die Peers bzw. die Freundin oder den Freund winken. Externe Belohnungsaussichten verlieren allerdings schnell ihren Reiz. Die einzige Motivation, die sich nicht „abnutzt", ist die intrinsische Belohnung in Form des Vergnügens am Lernen, am Wissenserwerb, an der Steigerung eigener Fähigkeiten und Fertigkeiten.

Neben diesen Persönlichkeitseigenschaften, die sich in der Bereitschaft äußern, sich Ziele zu setzen, sich anzustrengen, Leistung zu erbringen, sich zu motivieren und gewissenhaft zu arbeiten, sind selbstverständlich Intelligenz und Begabung wichtig. Hierauf werden wir im dritten Teil unseres Buches näher eingehen.

B Erfahrungen aus der Schulpraxis

Die nachfolgenden Beispiele beruhen auf Erfahrungen und Ereignissen aus dem Schulalltag der langjährigen Lehrtätigkeit des Zweitautors. Alle aufgeführten Personennamen wurden geändert und beziehen sich nicht auf tatsächlich existierende Personen. Das Geschlecht der erwähnten Personen wurde, wo dies möglich war, zufällig gewählt. Zudem wurden die Fallbeispiele stark verfremdet, ohne deren Aussagen zu beeinträchtigen.

Erster Eindruck von der Lehrperson

Bei der ersten Begegnung mit einer neuen Lerngruppe achte ich stets auf folgende Punkte:

1. Eine stehende, aufrechte und gerade Körperhaltung, damit ich wahrgenommen werde, einen Überblick über die Lerngruppe habe und für alle Schüler sichtbar bin.
2. Ein zuvorkommendes Auftreten mit einem freundlichen Gesichtsausdruck, der mein Engagement für den Unterricht widerspiegelt.
3. Einen Blick, der durch die gesamte Lerngruppe geht, ohne stärker einzelne Schüler zu fixieren.
4. Ein ruhiges und souveränes Auftreten, das meine pädagogischen und fachlichen Fähigkeiten erkennen lässt, und eine den Schülern zugewandte Körpersprache, die mein Interesse an ihnen zeigt.
5. Den richtigen Moment, mit dem Unterricht zu beginnen: Der Unterricht sollte stets erst dann beginnen, wenn die erste Phase der Unruhe überwunden ist.
6. Eine ruhige Ansprache, eine deutliche Aussprache und eine dem Alter der Lerngruppe angemessene, verständliche Sprache.
7. Eine Unterrichtsatmosphäre, die Gefühle erlaubt und Konflikte, wo möglich, zu vermeiden sucht.
8. Eine vom ersten Kontakt bzw. von der ersten Stunde an klare Unterrichtsstruktur mit konkreten Zielen.

Erste Unterrichtsstunden

Den ersten Stunden in einer neuen Lerngruppe messe ich besondere Bedeutung zu, da sie in der Regel für die Zusammenarbeit der kommenden Jahren prägend sind und die Qualität der Lehrer-Schüler-Beziehung maßgeblich beeinflussen. Dabei ist mir wichtig, die Schüler möglichst schnell kennenzulernen. Ich bemühe mich, ihre Namen möglichst bald auswendig zu kennen, damit ich sie mit Namen und damit persönlich ansprechen kann. Wichtig ist für mich außerdem das Austarieren des räumlichen Abstands bei einem Gespräch mit einem Schüler. Bezogen auf den Blickkontakt mit dem einzelnen Lernenden bzw. der gesamten Lerngruppe versuche ich – auch unter Berücksichtigung kultureller Unterschiede – zu erkennen, welche Dauer angemessen ist. Ich ermögliche und suche insbesondere in der Phase des ersten Kennenlernens kurze persönliche Gespräche und biete frühzeitig individuelle Hilfe und Anregungen an. Des Weiteren versuche ich, Vorlieben und Abneigungen der einzelnen Schüler herauszufinden und zu berücksichtigen, wie zum Beispiel ihr Interesse, die Lösungen der Übungs- und Hausaufgaben zu präsentieren, oder aber ihre schüchterne Zurückhaltung, ihr Wunsch, nicht gefragt zu werden. Um die Gedankengänge der Schüler nachvollziehen zu können, frage ich auch regelmäßig nach, welche Überlegungen sie zu einer bestimmte Antwort geführt haben. Um die Grundlage für ein störungsfreies Lehren und Lernen zu schaffen, sorge ich für eine für alle Beteiligten zufriedenstellende Sitzordnung.

Wie oben schon erwähnt, ist mir eine langfristige Unterrichtsvorbereitung und eine von der ersten Stunde an klare Unterrichtsstruktur, von der ich auch nicht abweiche, wichtig. So gebe ich zu Beginn jeder Unterrichtseinheit und jeder Unterrichtsstunde einen Überblick über die Lerninhalte und -ziele sowie den Unterrichtsablauf. Dabei frage ich bewusst nicht nach den Wünschen der Schüler, da sie dies als Zeichen einer willkürlichen Unterrichtsgestaltung ansehen könnten. Die Schüler können sich in den Arbeitsphasen jederzeit einbringen, indem sie mir Rückmeldung darüber geben, wie gut sie den Stoff verstehen und wie ihr Lernfortschritt ist. Verständnisfragen der Schüler, den Wunsch nach Wiederholung, nach nochmaligem Aufgreifen von bereits behandeltem Stoff sowie die Bitte um weitere Aufgabenstellungen und zusätzliches Förder- und Übungsmaterial greife ich gerne auf.

Namentliche Ansprache

Die Mühe, die Namen einer neuen Lerngruppe rasch zu lernen, lohnt sich allemal, da ich durch die persönliche Ansprache einen direkten und wertschätzenden Kontakt zu den Schülern herstellen kann. Beim Lernen der Namen hilft es mir, eine Übersicht mit Fotos zu erstellen. Meist sind die Lernenden gerne bereit, Fotos von sich machen zu lassen, insbesondere wenn sie dann eine Kopie dieser Fotogalerie bekommen können.

Fallbeispiel: *Eine Kollegin ärgert sich regelmäßig über die Unruhe in meiner 7. Klasse*

Eine Teamkollegin hatte zu Beginn eines Schuljahres meine Klasse in einem Fach übernommen. Nach etwa vier Monaten machte sie mich auf die große Unruhe und die wiederholten Störungen in ihrem Unterricht aufmerksam. Zudem beklagte sie, dass sie von den Schülern meiner Klasse außerhalb des Unterrichts kaum noch gegrüßt werde.

In einem Gespräch mit der Lerngruppe während einer Klassenstunde stellte sich heraus, dass die Kollegin es bisher versäumt hatte, die Namen der Schüler zu lernen: „Sie interessiert sich überhaupt nicht für uns und kennt nicht mal unsere Namen." Darüber hinaus konnte sie keine faire Leistungsbeurteilung vornehmen, da sie sich nicht darüber informiert hatte, auf welchem Leistungsniveau die einzelnen Lernenden im Rahmen eines binnendifferenzierten Unterrichts zu fordern und zu fördern waren.

Auf diese Probleme angesprochen, erklärte mir die Kollegin, dass sie mit der Übernahme einer eigenen Klasse anfänglich völlig überfordert gewesen sei und nicht die Zeit und Kraft gehabt habe, sich mit den Schülern meiner Klasse näher zu beschäftigen. Sie wolle sich aber bemühen, dieses nachzuholen. Nach einem weiteren Monat waren Unruhe und Störungen verschwunden und über die weiteren zweieinhalb Jahre der Zusammenarbeit hatte sich eine durchweg kooperative und freundliche Beziehung zwischen ihr und den Schülern meiner Klasse entwickelt.

Räumliche Distanz beim Gespräch

Ich erlebe Schüler, die es gut finden, wenn ich zu ihnen an den Tisch gehe, um mit ihnen über die Aufgaben oder den Unterrichtsgegenstand zu sprechen. Mitunter ergeben sich hier auch kurze persönliche Gespräche. Diese Schüler suchen einen räumlich näheren Kontakt („Herr Koop, können Sie mal kommen?"), um Fragen zu stellen, da es ihnen schwerfällt, sich in einer größeren Lerngruppe zu äußern. Andere mögen diese Nähe nicht so gerne und scheuen den mangelnden Abstand. Diese unterschiedlichen Bedürfnisse muss ich früh erkennen und respektieren und Nähe und Distanz der jeweils individuellen Situation anpassen.

Fallbeispiel: *Annegret (5. bis 9. Klasse) geht mir immer aus dem Weg*

In einer 5. Klasse war mir gleich zu Beginn Annegret aufgefallen. Wenn sie mich außerhalb des Unterrichts in den Fluren des Schulgebäudes sah, machte sie sofort kehrt und verschwand. Im Unterricht konnte sie den Blickkontakt zu mir offensichtlich nicht ertragen, lief rot an und schaute verlegen weg. Wenn ich in die Nähe ihres Tisches kam oder wenn ich sie für eine Präsentation nach vorne zu mir an die Tafel bat, geriet sie in heftige Verlegenheit.

Im Austausch mit den Teamkollegen wurde deutlich, dass sie dieses Verhalten nur bei den männlichen Lehrenden zeigte. Da sie ansonsten nicht weiter auffällig war, gute Leistungen und eine gute Mitarbeit zeigte und freundschaftliche Kontakte zu ihren Mitschülerinnen pflegte, bestand für mich keine Notwendigkeit, sie gezielt auf ihr Verhalten anzusprechen. Zudem hatte ich den Eindruck, dass ihr Verhalten mir gegenüber nichts Abweisendes hatte. So ließ ich sie diesbezüglich in Ruhe und versuchte im Unterricht, meine Kontaktaufnahme zu ihr vorsichtig und bedacht zu wählen.

Erst vier Jahre später ergab sich die Möglichkeit, mit ihr darüber ins Gespräch zu kommen. Sie erzählte mir, dass sie schon immer sehr schüchtern gegenüber Männern gewesen sei. In der Grundschule habe sie Erfahrung mit distanzlosen Lehrern gemacht, die sie zwar freundlich und auch nicht „übergriffig" behandelt hätten, ihr aber immer zu nahe gekommen seien. Sie schätze es daher sehr, über die ganzen Jahre von den Lehrern an der GSO und auch von mir nicht durch zu große Nähe bedrängt worden zu sein.

Blickkontakt zwischen Lehrer und Schüler

In meinem Unterricht spielt der Blickkontakt zwischen mir und den Lernenden als Ausdruck nonverbaler Kommunikation eine wichtige Rolle. Über den Blickkontakt versuche ich z. B., die Aufmerksamkeit der Lernenden zu gewinnen, sie anzuregen, an Unterrichtsgesprächen teilzunehmen, oder ihnen Zurückhaltung zu signalisieren, wenn sie vorschnell Antworten geben wollen oder wenn sie versucht sind, Absprachen und Regeln zu verletzen.

Andererseits sehe ich mich immer wieder dem suchenden Blick der Lernenden gegenüber, der unterschiedlich motiviert sein kann. So erkenne ich zum Beispiel im Suchen eines Schülers nach Blickkontakt mit mir den Wunsch der Kontaktaufnahme oder die Bereitschaft, dem Unterricht aufmerksam zu folgen. Ist der Blickkontakt länger und auffallend, kann ich darin eine Form der Provokation sehen. Je besser ich die Lernenden kenne, desto besser kann ich ihren Blick interpretieren und angemessen auf ihn reagieren.

Persönliche Gespräche

In Einzel- oder Partnerarbeitsphasen nehme ich gerne Kontakt mit den Schülern auf. Neben sachlichen Fragen zu den Arbeitsaufträgen versuche ich, wenn die Situation es erlaubt, auch die Befindlichkeit der Lernenden zu erfragen, insbesondere in meiner eigenen Klasse. Dabei geht es meist um schulische Belange, aber durchaus auch um Privates.

In diesen kleinen Gesprächen, die in der Regel nicht länger als drei Minuten dauern, erfahre ich sehr viel über die Schüler, und diese gewinnen wiederum die Gewissheit, dass ich mich für sie und ihre Belange interessiere.

Fallbeispiel: *Weko (9. Klasse) zeigt kein Interesse an einer Themeneinführung*

Zu Beginn einer Mathematikstunde gab ich eine Einführung in das neue Thema „Der Satz des Pythagoras". Dazu präsentierte ich in Form eines Vortrags den historischen Hintergrund. Ich bemerkte, dass Weko, der in der ersten Reihe saß, verschlafen seinen Kopf auf dem Arm abgelegt hatte. Ich unterbrach meine Einführung nicht, beobachtete aber währenddessen, dass Weko keinerlei Interesse an dem neuen Thema zeigte.

Während die anderen Schüler im Anschluss an die Einführungsphase in Einzelarbeit Arbeitsbögen bearbeiteten, hatte ich Gelegenheit, mich zu Weko zu setzen und das Gespräch mit ihm zu suchen. Weko war darüber sichtlich verwundert. Ich sprach ihn auf sein Verhalten an und sagte ihm, wie wichtig es sei, gerade während der Einführung in ein neues Thema konzentriert und aufmerksam zu sein, um nicht den Anschluss zu verlieren. Er sagte, ihm sei das nicht so wichtig. Es sei ihm sowieso nichts wichtig. Allen Menschen, die mit ihm zu tun hätten, sei es auch nicht wichtig, wie es ihm gehe, ob er etwas verstehe und was mal aus ihm werde.

Da ich Weko seit der 8. Jahrgangsstufe kannte und mir ein solches Verhalten und eine solche Einstellung an ihm fremd waren, war ich zunächst völlig überrascht. Ich machte ihm deutlich, dass es aber *für mich* wichtig sei, was aus ihm werde, wie er in meinem Unterricht zurechtkomme und ob er in der Lage sei, meinem Unterricht zu folgen. Er erwiderte, dass er nicht glaube, dass sein Wohlergehen und seine Leistungen für irgendjemanden wichtig seien.

Ich verabredete mich mit Weko zu einem kurzen Gespräch in der folgenden Pause, in dem er mir erzählte, dass er sich wertlos fühle und dass seine Eltern keine Zeit und Lust mehr hätten, sich mit ihm auseinanderzusetzen. Zwei Tage zuvor habe er eine heftige Auseinandersetzung mit ihnen gehabt.

Ich schlug ihm vor, ein Gespräch zwischen ihm, der Klassenlehrerin und dem Sozialpädagogen der Klasse, der über die familiären Verhältnisse der Schüler informiert war, zu vermitteln. In der Folge fanden dann mehrere Gespräche mit dem Schulsozialarbeiter und den Eltern von Weko statt. Da die Eltern Wekos Verhalten tolerierten, die Ursachen für sein Befinden seinem Alter zusprachen, den Lehrkräften die Schuld für Wekos schlechtes Benehmen im Unterricht gaben und therapeutische Maßnahmen vehement ablehnten, gelang es uns nicht, Weko langfristig zu helfen. Er fiel in der 10. Klasse durch ein starkes Vermeidungsverhalten auf.

Anbieten von Hilfen und Tipps

Bei Einzel-, Partner- und Gruppenarbeit gehe ich von Tisch zu Tisch und beobachte das Fortschreiten der Schülerarbeiten. Ich nutze diese Rundgänge, um Fragen der Lernenden zu beantworten, kleine Gespräche zu führen, aber auch, um Hilfen und Tipps zu geben. Je nach Bedarf biete ich hier auch Zusatzmaterial zum Fördern und Fordern an.

Berücksichtigen der Persönlichkeit und der kulturellen Gewohnheiten

Um eine gute Beziehung zu den Schülern aufzubauen, versuche ich, die wesentlichen Züge ihrer Persönlichkeit aufmerksam wahrzunehmen. Gerade in Konfliktsituationen erweist es sich als großer Vorteil, mit der Persönlichkeit und dem kulturellen Hintergrund der Lernenden vertraut zu sein und auf diese Weise eine angenehme Form des Umgangs miteinander zu pflegen. Ist mir die Persönlichkeit eines Schülers vertraut, kann ich gezielt individuelle Absprachen mit ihm treffen, die den weiteren Umgang miteinander sowohl im Unterricht als auch außerhalb sehr erleichtern. Auch genügt dann oft ein Blick oder eine Geste meinerseits, um den Lernenden zu einer Mitarbeit oder zu einer Beteiligung am Unterrichtsgespräch aufzufordern, ihn zu motivieren oder ihn in seinen Aktivitäten zurückzuhalten, ihm zu verstehen zu geben, dass er Störungen unterlassen oder einfach nur ruhig sein möge. Maßnahmen wie laut zu werden, zu schimpfen, vor der Klasse zu tadeln oder vorschnell Ordnungsmaßnahmen anzudrohen, können dann weitgehend vermieden werden.

Fallbeispiel: *Kamil (5. Klasse) scheut den Blickkontakt*

Kamil, ein Schüler einer 5. Klasse, wurde von den Teamkollegen als ausgesprochen netter, freundlicher und ruhiger Schüler geschätzt. Er hatte allerdings die Angewohnheit, immer wieder den Unterricht durch private Gespräche mit seinen Mitschülern zu stören. So musste ich mit ihm mehrere Gespräche wegen seiner Unaufmerksamkeit führen.

Während ich gewohnt war, dass in solchen Gesprächen der direkte Blickkontakt gewünscht und gesucht wurde, wandte Kamil seinen Blick von mir ab. Ich fand das ausgesprochen unhöflich und bat ihn, mich doch anzuschauen, wenn ich mit ihm sprach. Kamil verweigerte den Blickkontakt jedoch weiterhin und sagte nichts, sodass ich ihn ziemlich ratlos gehen lassen musste.

Aufgeklärt hat sich sein Verhalten beim Elternsprechtag, zu dem Kamil und sein Onkel gekommen waren. Während ich mit Kamils Onkel sprach, verlangte er von seinem Neffen, zwar zuzuhören, aber im deutlichen Abstand zu uns zu sitzen und uns dabei nicht anzuschauen.

Auf das aus meiner Sicht ungewöhnliche Verhalten Kamils angesprochen, erklärte sein Onkel, dass in seiner Familie beim Gespräch eines Erwachsenen mit einem Kind der direkte Blickkontakt des Kindes unhöflich sei und Ausdruck respektlosen Verhaltens. Außerdem habe ein Kind den Anordnungen eines Erwachsenen ohne Widerworte zu folgen.

Nachvollziehen von Gedanken der Lernenden

Ich versuche, die Antworten der Schüler regelmäßig zu hinterfragen. „Welches war dein Ausgangsgedanke?" „Wie bist du zu deiner Antwort gelangt?" „Welche gedanklichen Schritte haben dich zu deiner Antwort gebracht?" Den Lernenden fällt es anfangs nicht leicht, darauf eine Antwort zu geben. Sie gewinnen hierin aber mehr und mehr Sicherheit und Routine. Indem ich die gedanklichen Schritte der Lernenden zu ergründen versuche, lassen sich Fehler und Missverständnisse ermitteln und lässt sich klären, inwieweit der Lernende „auf der richtigen Fährte" war, auch wenn die Antwort falsch war. Dadurch gewinne ich auch ein Gespür dafür, ob ich den Lernstoff klar und ausführlich genug und in angemessenem Tempo dargestellt habe.

Richtige Sitzordnung

Die richtige Sitzordnung für eine Klasse zu finden, ist eine zeitaufwendige Angelegenheit. Die Schüler müssen lernen, dass ihre individuellen Wünsche nicht immer sofort berücksichtigt werden können. Daher muss ich ihnen Zeit geben, sich mit neuen Konstellationen anzufreunden und ihre Interessen gegebenenfalls in eine neue Richtung zu lenken.

Als erste Orientierung gebe ich den Schülern in einer neuen Lerngruppe eine Übersicht über die Tischanordnung im Klassenraum. Dies bleibt die einzige Vorgabe von meiner Seite. Die Schüler können dann erst einmal die Plätze frei wählen, wobei ich dabei darauf achte, dass die Unzufriedenheit einzelner auf ein Minimum reduziert wird. Im Verlauf der folgenden Unterrichtsstunden (hier kann es sinnvoll sein, einen festen Rhythmus, z. B. einmal wöchentlich, abzusprechen) können immer wieder kleinere Veränderungen vorgenommen werden, um einer von allen getragenen Sitzordnung möglichst nahe zu kommen. Die endgültige Sitzordnung wird dann zwar erst nach mehreren Wochen oder Monaten feststehen, diese ist dann aber für alle insofern zufriedenstellend, als sie das Ergebnis eines gemeinsam ausgearbeiteten Kompromisses ist. Dieser Zeitaufwand lohnt sich aus meiner Erfahrung sehr!

Fallbeispiel: *Das gemeinsame Finden einer neuen Sitzordnung in einer 8. Klasse*

In einer meiner 8. Klassen hatte sich das Problem ergeben, dass die Klasse zwar mit der Anordnung der Tische im Klassenraum in U-Form zufrieden war, sich aber nicht einigen konnte, wer mit wem zusammensitzen wollte oder sollte. Zu diesem Problem kamen Konzentrationsschwierigkeiten der Lernenden während der Gruppen- und Partnerarbeitsphasen hinzu. In einer Klassenstunde wurde die nicht zufriedenstellende Sitzordnung von einigen Schülern zur Sprache gebracht.

Bei der Lösung des Problems ging ich in drei Schritten vor. Der erste Schritt bestand darin, zu klären, ob eine Lösung unter Beteiligung aller Schüler erfolgen sollte. Das wurde nach ausgiebiger Diskussion von der Mehrheit abgelehnt. Es wurden daher zwei Klassenvertreter ausgewählt, die zusammen mit mir unter Berücksichtigung der Wünsche aller Schüler einen Vorschlag für eine neue Ordnung ausarbeiten sollten. Festgelegt wurde zudem, dass der Vorschlag, egal wie er ausfallen würde, für den begrenzten Zeitraum von einem Monat verbindlich eingehalten werden sollte.

Der zweite Schritt bestand darin, die konkreten Wünsche der Schüler zu sammeln. Die Klassenvertreter schlugen vor, dass alle Schüler einen Zettel mit ihren Namen abgeben sollten, auf dem ein Wunschnachbar und eine Wunschnachbarin notiert werden sollten.

Im dritten Schritt mussten die beiden Klassenvertreter mit mir in beratender Funktion die Zettel den Plätzen so zuordnen, dass möglichst viele Schüler neben ihren Wunschpartnern oder zumindest neben einem von ihnen sitzen konnten oder aber ein Wunschpartner in der Nähe einen Platz bekam. Das nahm etwa zwei Unterrichtsstunden in Anspruch und fand in einem separaten Raum statt. Die Verantwortung für die abschließende Lösung übernahm dann ich, um die Klassenvertreter vor einer möglichen Konfrontation mit unzufriedenen Schülern zu schützen.

Nachdem ich den Schülern dargelegt hatte, wie wir bei der Lösungsfindung vorgegangen waren und welche Überlegungen wir dabei angestellt hatten, wurde die neue Sitzordnung präsentiert. Es gab einige sichtlich enttäuschte Schüler und auch eine Schülerin, die sich trotz vorheriger Absprache nicht an ihren neuen Platz setzen wollte. Ein Gespräch mit ihr, den Klassenvertretern und mir außerhalb des Klassenraumes, in dem wir noch einmal unsere Bemühungen um eine zufriedenstellende Lösung beschrieben haben, konnte die Schülerin soweit beruhigen, dass sie erst einmal ihren neuen Platz einnahm.

An der so entstandenen Sitzordnung wurde über ein Dreivierteljahr festgehalten, ohne dass es Wünsche nach Veränderungen gab, auch nicht von der anfangs sehr unzufriedenen Schülerin.

Vorbildfunktion der Lehrperson

Im Zusammenhang mit der Ausbildung der Schüler zu „reifen Persönlichkeiten" kommt der Vorbildfunktion der Lehrperson eine besondere Bedeutung zu. Zu dieser Vorbildfunktion zählen ein angemessener Umgangston und eine angemessene Sprache, Pünktlichkeit bzw. das Entschuldigen und Begründen von Unpünktlichkeit, ein dem Alter der Lernenden und der Situation angepasstes Verhalten, ein gepflegtes äußeres Erscheinungsbild, die Bereitschaft, ungeliebte, unverstandene, aus Schülersicht unangemessene Entscheidungen zu erklären, ein respektvoller Umgang mit den Schülern, eine gute Unterrichtsvorbereitung, das Einhalten von Versprechen und Zusagen, der verbindliche Umgang mit Regeln, Empathie, das Berücksichtigen der Schülerbelange und gerechtes Handeln.

Umgangston und Sprache

Im Unterrichtsgespräch, in Einzelgesprächen mit Schülern sowie im Gespräch mit ihren Eltern achte ich stets auf einen wertschätzenden und freundlichen Umgangston. Dabei spreche ich in einer klaren, bedachten und meiner Lehrerrolle angemessenen Sprache und bemühe mich, ruhig und sachlich zu bleiben, auch wenn dies in der jeweiligen Situation nicht immer leicht ist.

Laut zu werden, zu brüllen oder überhastet zu reden, sind Verhaltensweisen, die wenig geeignet sind, Konflikte zu lösen. Jugend- oder Schülersprache zu verwenden, um sich bei den Schülern anzubiedern, führt zu einer Vermischung der Rollen und wird von den Lernenden oft als Einladung zu respektlosem Verhalten gedeutet.

Pünktlichkeit

Ich verlange von den Schülern pünktliches Erscheinen zu den Unterrichtsstunden oder zu schulischen Verabredungen und erwarte bei Unpünktlichkeit eine Entschuldigung und Erklärung. Im Gegenzug muss auch ich, um meiner Vorbildrolle gerecht zu werden, auf pünktliches Erscheinen achten. Auch wenn die Lernenden ein Zuspätkommen der Lehrkraft zunächst gut finden, weil sie dann unbeaufsichtigt sind, zeigt sich generell jedoch, dass ihre Wertschätzung gegenüber einer Lehrkraft, die sich nicht selbst an die Regeln hält, nicht besonders groß ist.

Fallbeispiel: *Lara und Mabel (8. Klasse) kommen häufig zu spät zum Unterricht*

Ein Teamkollege berichtete mir, dass Lara und Mabel, zwei Schülerinnen einer 8. Klasse, immer wieder zu spät zu seinem Fachunterricht erschienen. Meistens kamen sie nur wenige Minuten zu spät und setzten sich dann ohne Erklärung oder Entschuldigung für ihr Zuspätkommen an ihren Platz. Bis dahin hatte der Teamkollege keine Maßnahmen ergriffen, sondern die Schülerinnen ausschließlich auf ihr Fehlverhalten hingewiesen.

Ich erkundigte mich bei weiteren Teamkollegen der Klasse, ob Lara und Mabel auch bei ihnen öfter zu spät zum Unterricht kämen, was diese zu meiner Überraschung verneinten. Von mir darauf angesprochen, dass sie häufiger zum Fachunterricht des Lehrers zu spät gekommen seien, gaben die beiden Mädchen dies unumwunden zu und rechtfertigten ihr Verhalten damit, dass dieser Lehrer selbst ständig zu spät komme. Sie erzählten mir auch, dass er einmal auf Nachfrage eines Schülers, warum er so spät gekommen sei, geantwortet habe, dass sie das nichts angehe. Als Lehrer habe er berechtigte Gründe und er müsse sich vor den Schülern nicht rechtfertigen.

Ich habe den Schülerinnen vorgeschlagen, auf eine Unkorrektheit nicht mit einer anderen Unkorrektheit zu reagieren und ihrerseits pünktlich zum Unterricht zu erscheinen und keinen Anlass zu bieten, getadelt zu werden. Ich sagte ihnen zu, den Kollegen auf sein Zuspätkommen anzusprechen, und wies sie darauf hin, dass sie darüber hinaus immer die Möglichkeit hätten, den Klassenlehrer oder Mitglieder der Schulleitung zu informieren, wenn es zu weiteren Verspätungen des Kollegen käme. Lara und Mabel kamen meines Wissens nicht mehr verspätet zum Unterricht des Kollegen.

Rollenverständnis als Lehrer

Ich hinterfrage stets mein Rollenverständnis als Lehrer. Ich halte gepflegte Umgangsformen ein, achte auf eine korrekte Anrede und Sprache sowie einen angemessenen Umgangston, nutze meine Arbeitszeit zur Beratung von Lernenden und Eltern und unterrichte im Sinne des mir vorgegebenen Bildungsauftrags. Das heißt, ich gebe die Unterrichtsinhalte, den Unterrichtsablauf und die methodischen Schwerpunkte in einer Weise vor, die meiner Verantwortung entspricht.

Die Schüler erwarten von mir, dass ich mit einer klaren Zielvorgabe in den Unterricht komme, meine Unterricht durchgeplant habe und sie für den Unterrichtsstoff begeistere, sie fordere und fördere, mich um ihre schulischen und auch zum Teil persönlichen Belange verantwortungsbewusst und zuverlässig kümmere, dass ich für sie präsent bin, mich für sie interessiere und mit Begeisterung, guter Laune und einer positiven Erwartungshaltung den Unterricht gestalte und meine pädagogische Arbeit verrichte. Das bedeutet, dass ich mich nicht Zeitung lesend ans Pult setzen, mich in einer Ecke verstecken und den Schülern den Unterrichtsverlauf und die Unterrichtsinhalte überlassen darf. Ich darf mich auch nicht unruhig und hektisch im Klassenraum bewegen und dadurch signalisieren, dass ich kein Interesse am Unterricht oder an den Schülern habe.

Äußeres Erscheinungsbild des Lehrers

Oberstes Gebot für mein Äußeres ist es, unauffällig zu sein. Schließlich senden meine äußere Erscheinung und meine Bekleidung Botschaften aus. Ob ich mich dem Anlass meiner Profession entsprechend kleide oder eher im Freizeitlook erscheine, wird von den Schülern unmittelbar wahrgenommen und entsprechend gedeutet. Daher vermeide ich alles, was die Aufmerksamkeit der Schüler auf mein Äußeres lenkt. Ich darf und soll mich in meiner Funktion zwar auch über mein Äußeres von den Lernenden abheben, muss jedoch vermeiden, mich in den Mittelpunkt zu rücken. Die Aufmerksamkeit der Schüler sollte ganz auf die Themen meines Unterrichts ausgerichtet sein.

Ich achte darüber hinaus auf einen gepflegten Körper (Haut, Haare, Nägel, Körper-/Mundhygiene) und ordentliche Kleidung. Nicht ganz unwichtig ist in diesem Zusammenhang auch, dass ich bequeme Kleidung trage und mich wohl fühle. Nur dann kann ich den Unterricht entspannt und souverän gestalten.

Erklären von Entscheidungen und Maßnahmen

Da sich die Jugendlichen in einem schwierigen Prozess der Persönlichkeitsentwicklung befinden, kommt es zwangsläufig dazu, dass sie ihre neu gewonnenen Möglichkeiten austesten und dabei nicht selten Grenzen überschreiten. Das können Verletzungen von Absprachen, aber auch von Regeln im Zusammenhang mit der Schul- oder Hausordnung sein.

Da Absprachen und Regeln in meinem Unterricht verbindlich sind, muss ich auf deren Verletzung reagieren und Maßnahmen ergreifen, die selten auf die Zustimmung der Schüler treffen. Dabei muss ich mich bemühen, die Maßnahmen und Entscheidungen für die Schüler nachvollziehbar zu machen.

Fallbeispiel: *Dominique (7. Klasse) benutzt unerlaubt sein Handy*

Zu Beginn des Mathematikunterrichts in einer 7. Klasse am frühen Nachmittag kam Dominique überraschend auf mich zu und verlangte sein Handy von mir zurück, das eine Kollegin ihm im vorangegangenen Unterricht abgenommen hatte. Wie sich herausstellte, hatte er bei der Kollegin sein Handy aus der Tasche geholt, um es auszuschalten.

Nun gibt es an unserer Schule eine Hausordnung, die das Benutzen und das sichtbare Mitführen von Handys und Smartphones verbietet. Die Lehrenden haben das Gerät an sich zu nehmen, um es über die Verwaltung den Eltern des betroffenen Kindes zum Ende der folgenden Woche zurückzugeben. Die unterrichtende Kollegin hatte Dominique das Handy abgenommen und ihm – abweichend von der Hausordnung – in Aussicht gestellt, sie werde mit der Klassenlehrerin reden und er werde es von mir zurückerhalten. Allerdings hatte sie bis zu meinem Mathematikunterricht keine Gelegenheit, diesbezüglich Kontakt mit mir aufzunehmen.

So konnte ich Dominique nur mitteilen, ich wüsste nichts von seinem Handy. Bevor ich zu einer Nachfrage ansetzen konnte, teilte er mir mit, solange nicht am Mathematikunterricht teilzunehmen zu wollen, bis er es wieder zurückbekäme. Er fände es unverschämt, dass ich ihm sein Eigentum einfach vorenthalte.

Ich bat ihn, in einen Nebenraum zu gehen und dort auf mich zu warten, bis ich die übrigen Schüler mit einer Aufgabe betraut hätte. Im folgenden Gespräch bat ich ihn, den Vorfall noch einmal ausführlich zu schildern, und hörte ihm aufmerksam zu, ohne ihn zu unterbrechen. Ohne zunächst auf seine Ausführungen einzugehen, beschrieb ich ihm daraufhin meinen bisherigen Schultag und wies ihn freundlich auf den Passus in der Hausordnung hin. Das brachte ihn leider nicht von seiner Forderung nach dem Handy und seiner Weigerung, am Mathematikunterricht teilzunehmen, ab. So saß er während des restlichen Unterrichts im Nebenraum.

Auch ein zweiter Gesprächsversuch brachte keinen Erfolg und verstärkte sogar Dominiques starrköpfiges Verhalten. So musste die Klassenlehrerin ihn nach Rücksprache mit der Schulleitung und nach einem Telefonat mit seinem Vater für den Rest des Schultages vom Unterricht ausschließen und nach Hause schicken. Er weigerte sich zunächst, die Schule zu verlassen, aber ihr Hinweis, dass sie am kommenden Tag noch einmal mit zeitlichem Abstand über die Sache reden könnten, bewog ihn dann doch, nach Hause zu gehen.

Am folgenden Tag kam Dominique schon vor dem Unterricht zu ihr. Er bedauerte, sich nicht an die Hausordnung gehalten zu haben, und entschuldigte sich bei ihr für sein Verhalten am Vortag. Wie ich später erfuhr, hatte Dominique am Nachmittag ein längeres Gespräch mit seinem Vater geführt. Den Ausschlag für seine Meinungsänderung gab jedoch wohl der abendliche Austausch über Telefon und Internet mit seinen Freunden. Durch ihn gelangte er zu der Einsicht, dass sich ein weiteres Beharren auf seinem Standpunkt negativ auf das Miteinander in der Schule auswirken würde.

Respektvoller Umgang miteinander

Ich erwarte von den Schülern einen respektvollen Umgang mit mir als Lehrperson. Folglich muss ich in der mir zugewiesenen Vorbildrolle den Schülern auch respektvoll begegnen. Das ist nicht immer einfach. Gerade bei Jugendlichen in der Pubertät, einer Altersphase, in der sich die Persönlichkeit entwickelt, werden Unsicherheiten und Ängste gerne durch provozierendes, freches und beleidigendes Verhalten zu überdecken versucht. So kommt es vor, dass Lernende ihre Mitlernenden oder mich anpöbeln, durch Gesten massiv beleidigen oder Regeln demonstrativ verletzen. Dieses Verhalten lässt einen geregelten und zielorientierten Unterricht meist nicht mehr zu.

In solchen Situationen versuche ich als erstes, die Atmosphäre zu beruhigen. Dazu bitte ich die betreffenden Schüler zu einem kurzen Gespräch außerhalb des Unterrichtsraums, worauf sie sich in der Regel gerne einlassen, da ein solches separates Gespräch ihrem Wunsch nach Aufmerksamkeit und Beachtung entgegenkommt. Die anderen Schüler haben in der Zwischenzeit Gelegenheit, sich unter sich über den Vorfall auszutauschen.

In dem von mir ruhig, leise und sachlich geführten Gespräch mit dem Schüler versuche ich, auf respektvolle Weise die Gründe für sein Verhalten herauszufinden. In diesen Gesprächen werden mir oft wichtige Zusammenhänge zwischen der Regelüberschreitung und privaten oder schulischen Problemen bewusst, die in weiteren Gesprächen außerhalb der Unterrichtsstunden mit mir oder einer anderen Vertrauensperson thematisiert werden.

Jede Art von Belehrung, Zynismus oder Erniedrigung hat in diesen – und natürlich auch allen anderen – Gesprächen nichts zu suchen. Es geht mir darum, zu verstehen, warum der Schüler ein solches Fehlverhalten gezeigt hat. Dazu muss ich aufmerksam zuhören und – unvoreingenommen und ohne vorschnell Stellung zu nehmen – die Sichtweise und Einstellung des Schülers zur Kenntnis nehmen. Auch wenn ich das oft respektlose, intolerante und disziplinlose Verhalten nicht akzeptieren oder entschuldigen kann, so darf ich den Schüler dafür keinesfalls verurteilen oder ablehnen.

Kenne ich die Stärken und Begabungen der Lernenden, so kann ich zudem durch Aufgaben anspruchsvoller und fordernder Art versuchen, ihr Selbstvertrauen zu stärken und damit der Ursache für ihr Fehlverhalten entgegenzuwirken.

Fallbeispiel: *Frerk (10. Klasse) verletzt ständig die Regeln*

Nach Aussage seines Klassenlehrers war Frerk ein launischer und unruhiger Schüler, der den Unterricht oft störte, nicht mitarbeitete, keine Hausaufgaben machte und die ihm aufgetragenen Arbeiten und Dienste nicht erledigte. Ich hatte Frerk zum Ende der 9. Klasse durch einen Schulwechsel in meinen Mathematikunterricht bekommen. Da er schon einige der Mitschüler in der Klasse kannte, verlief der Wechsel zunächst einmal recht unkompliziert.

Der erste Monat in der 10. Klasse verlief daher auch erstaunlich unauffällig. Frerk folgte dem Unterricht, beteiligte sich an Unterrichtsgesprächen und erledigte die ihm aufgetragenen Arbeiten, so gut er konnte. In den nachfolgenden Monaten ließen sein Interesse und seine Motivation aber deutlich nach. Er war unaufmerksam, machte wiederholt seine Hausaufgaben nicht, kam immer häufiger zu spät und hielt sich nicht an Vereinbarungen und Anordnungen. Vor allem aber zeigte er insbesondere gegenüber den ihn unterrichtenden Lehrerinnen ein zunehmend respektloses Verhalten.

Im Laufe der 10. Klasse führte ich 17 Einzelgespräche mit ihm, vier mit seinem Vater und zwei mit ihm und seinem Vater in der Schule. In den Einzelgesprächen erkundigte ich mich nach seinen Erfahrungen und Erlebnissen und versuchte, herauszufinden, wie Frerk sich die weitere Zusammenarbeit in meinem Unterricht vorstellte. Im Gegenzug legte ich ihm meine Vorstellungen über die Bedingungen einer weiteren Zusammenarbeit mit der Zielvorgabe „Schulabschluss" auseinander und versuchte, ihm zu vermitteln, wie seine Auffälligkeiten und Regelverletzungen auf mich und die Teamkollegen wirkten. Ich verwies auf die in der Klasse erarbeiteten Regeln und die Konsequenzen, die ihr Nichtbefolgen habe, und erlegte ihm entsprechende Strafen auf. Im Gespräch akzeptierte Frerk diese Strafen, befolgte sie jedoch nicht immer, sodass weitere folgten.

Auch wenn es uns in den Gesprächen letztlich nicht gelang, Verständnis für das Handeln der jeweils anderen Seite zu wecken, so verliefen unsere Treffen dennoch stets in einer angenehmen Gesprächsatmosphäre und waren geprägt durch gegenseitigen Respekt. Frerk schloss seine Mittelstufenzeit an der Schule leider nicht mit seinem gewünschten Abschluss am Ende der 10. Jahrgangsstufe ab, dafür reichten seine Leistungen auch aus meinem Unterricht nicht aus. Bei einem abschließenden Treffen meinten seine Eltern, Frerk habe es uns allen wirklich nicht leicht gemacht, aber er habe, zumindest im letzten Jahr, erfahren und gelernt, was Wertschätzung sei. Dieser Hinweis erfüllte mich und die Teamkollegen dann doch mit Genugtuung und Zufriedenheit. Zugleich zeigt dieses Beispiel aber auch die Grenzen unserer Wirkungsmöglichkeiten auf.

Gute Unterrichtsvorbereitung

Was ich für die kurzfristige Vertretung einer Unterrichtsstunde nicht immer leisten kann, beachte ich für alle anderen Unterrichtsstunden kompromisslos: Ich gehe nur vorbereitet in den Unterricht, d. h. mit einem durchdachten Plan für den Ablauf, Überlegungen zum Methodeneinsatz und Methodenwechsel, ausreichendem Arbeitsmaterial, sinnvoll ausgewählten Medien aller Art und genauen Ziel-

und Teilzielvorstellungen. Nur wenn ich den Unterricht überzeugend und souverän führe und mit Verstand, Können und Geschick agiere, vermittle ich meinen Schülern die notwendige Sicherheit und werde meiner Lehrerrolle gerecht.

Jede Abweichung von diesen Anforderungen an eine gute Unterrichtsvorbereitung erschwert mir allerdings die Umsetzung meiner Unterrichtsziele. Eine mangelhafte Unterrichtsvorbereitung ist einem positiven Lernklima abträglich und ich verliere bei den Schülern an Wertschätzung und Respekt. Die Schüler erkennen eine schlechte Vorbereitung nicht nur am „unrunden“ Stundenablauf, an der mangelhaften Organisation oder am fehlenden Sachverstand, sondern auch an Mimik und Gestik, an einer unsicheren Stimme und einem insgesamt unsicheren Auftreten.

Einhalten von Versprechen und Zusagen

Vorbildliches Verhalten lässt sich z. B. auch am Umgang mit Versprechen und Zusagen festmachen. Kündige ich etwas an, verspreche ich etwas oder mache ich Zusagen, so muss ich das auch einhalten. Nur so kann ich für die Schüler verlässlich und berechenbar sein.

Für den Fall, dass ich aus Gründen, die ich nicht zu verantworten habe, Ankündigungen, Versprechen oder Zusagen nicht einhalten kann, muss ich den Lernenden diese Gründe offen darlegen. Liegen die Gründe allerdings in meiner Verantwortung, so muss ich mich, sollte es tatsächlich keine Möglichkeit der Einlösung des Versprechens geben, für meinen Fehler in aller Form entschuldigen und, wenn möglich, ein neues, vergleichbares Versprechen geben.

Umgang mit Regeln und Regelverletzungen

Ich halte Regeln für ausgesprochen wichtig, bieten sie doch einen Orientierungsrahmen und Klarheit im Umgang miteinander. Um den Umgang und das Miteinander in der Schule zu regeln, gibt es – neben den übergeordneten Regeln wie z. B. dem Jugendschutzgesetz – in erster Linie die Schul- oder Hausordnung.

Mit den Schülern meiner Lerngruppen stelle ich gleich zu Beginn einer Zusammenarbeit wenige, aber wichtige Regeln auf. Die Vorschläge für diese Regeln kommen sowohl von den Schülern selbst als auch von mir. Wir versuchen, die Regeln möglichst einfach zu formulieren und ihre Notwendigkeit zu begründen.

Die Regeln sollten so ausgewogen sein, dass einerseits ein Ordnungsrahmen entsteht, der die Zusammenarbeit erleichtert, andererseits die schulische Erziehung und damit auch die persönliche Entwicklung der Lernenden nicht zu stark eingeengt wird. Lässt sich eine Regel nicht begründen, lassen wir sie fallen, denn sie soll ja keinem Selbstzweck dienen. Wichtig ist, dass sich alle Beteiligten an die auf diesem Weg aufgestellten Regeln halten. Das gilt auch für mich als Lehrperson, was für meine Vorbildrolle und im Hinblick auf das Gerechtigkeitsempfinden der Schüler von großer Bedeutung ist.

Beispiele für solche Regeln sind Absprachen hinsichtlich eines respektvollen und toleranten Umgangs miteinander, der Beachtung, Tolerierung und Wertschätzung der Wort- oder Diskussionsbeiträge anderer, der Beachtung der Unterrichtszeiten, des Umgangs mit Unterrichtsmaterialien, der Anfertigung von Hausaufgaben oder der Übernahme von Klassendiensten. Mitunter ist es für die Lernenden nicht leicht, sich an die Regeln zu halten. Daher ist es umso wichtiger, sie in ihrem korrekten Verhalten zu bestärken und ihnen Anerkennung zu zeigen.

Im Lauf der Zeit kann es passieren, dass den Schülern Regeln nicht mehr bewusst sind oder sich Rahmenbedingungen geändert haben. In regelmäßig stattfindenden Gesprächen versuche ich dann, die Kenntnis der Regeln aufzufrischen, neue hinzuzunehmen, andere zu streichen oder zu ändern bzw. anzupassen. Oft erfolgen Änderungen oder Anpassungen, wenn es immer wieder zu Grenzüberschreitungen kommt. Grund für die Überschreitung von Regeln ist oftmals, dass diese dem Alter der Schüler nicht mehr angemessen sind.

Regelverletzungen werden jedoch oft auch durch private Probleme der Schüler ausgelöst. Um etwaige Probleme rechtzeitig wahrzunehmen, beobachte ich das Verhalten der Schüler daher sehr genau. Dabei hilft es mir, frühzeitig individuelle Beziehungen zu ihnen aufzubauen und immer wieder das Gespräch mit ihnen zu suchen. Je besser ich die Lernenden kenne und verstehe, desto früher kann ich auch Veränderungen und Auffälligkeiten in ihrem Verhalten bemerken.

Fallen mir Probleme in Form von wiederholten Regelverletzungen oder eines deutlich veränderten Verhaltens auf, so kann ich über ein ehrliches, wert- und vorurteilsfreies Gespräch versuchen, die Gründe zu ermitteln, und pädagogisch aktiv werden. Informationen von Kollegen helfen mir in solchen Situationen, meine Vermutungen zu bestätigen. Da ich der Meinung bin, dass mir niemand besser Auskunft über die Beweggründe seines Verhaltens geben kann als der Lernende selbst, ziehe ich insbesondere ab der Jahrgangsstufe 7 die Gespräche mit den Lernenden den Elterngesprächen vor.

Erst nach dem Gespräch mit dem Lernenden nehme ich gegebenenfalls – und nicht ohne den Schüler vorab darüber informiert zu haben – Kontakt mit den Eltern auf. Dabei sind Telefonate und Gespräche in der Schule möglich. Hausbesuche führe ich schon seit langem nicht mehr, da Eltern diese oft als Einmischung in ihre Erziehungsarbeit empfinden und eher abwehrend reagieren und eine weitere kooperative Zusammenarbeit dann nur noch bedingt möglich ist. Bringen mich auch die Informationen der Eltern nicht weiter, so kommt als letzte Möglichkeit dann noch die Kooperation mit Fachleuten der schulischen und sozialen Behörden in Betracht.

Fallbeispiel: *Ava (10. Klasse) fehlt wiederholt an Unterrichtstagen*

Ava war zu Beginn der 10. Jahrgangsstufe über den Wunsch der erziehungsberechtigten Tante in meinen Mathematikunterricht gekommen. Anfangs besuchte sie noch regelmäßig den Unterricht. Krankheitsbedingte Fehlzeiten wurden durch die alleinerziehenden Tante schriftlich entschuldigt, sodass es zunächst keinen Grund zur Beanstandung gab. Mit der Zeit häuften sich Avas Fehlzeiten jedoch, ohne dass Ava einen kranken oder schwächelnden Eindruck gemacht hätte, zudem wurden nicht mehr alle Fehlzeiten entschuldigt.

Auf Nachfragen meinerseits reagierte Ava sehr freundlich und gab mir bereitwillig Auskunft über ihren Krankheiten. Sie versprach, die Entschuldigungen nachzureichen und in der kommenden Zeit weniger Unterricht versäumen zu wollen. Sie fühle sich in der Klasse sehr wohl und komme gerne zur Schule. Ein Telefonat mit der Tante, mit der ich bisher keinen Kontakt hatte, bestätigte Avas Aussagen.

Die Unterrichtsversäumnisse nahmen jedoch weiter zu, sodass ich Ava in einem weiteren Gespräch zu ihren bisherigen Leistungen und ihrer privaten Situation eingehender befragte. Aufgrund des für mich nach wie vor unklaren Bilds zur schulischen und privaten Situation Avas bat ich die Tante zu einem Gespräch mit ihr und ihrer Nichte in die Schule.

Wie sich sehr schnell herausstellte, war die Tante aufgrund privater und beruflicher Schwierigkeiten mit der Erziehung ihrer Nichte völlig überfordert. Aus Sorge um ihre Tante suchte Ava jede Möglichkeit, bei ihr zu Hause zu bleiben und auf sie aufzupassen. Über die Einschaltung der Schulbehörde und sozialer Dienste wurde der Tante in der Folgezeit ein familiärer Hilfsdienst angeboten, den sie allerdings erst nach etwa einem halben Jahr annahm. Ava fehlte aber weiterhin im Unterricht und verließ kurze Zeit später die Schule.

Der Umgang mit den Lernenden bei Regelverstößen erfolgt genauso wertschätzend wie insgesamt mein Umgang mit den Lernenden, auch wenn die Situation nicht immer erfreulich ist. Allerdings ist wiederholtes Ermahnen, ohne Konsequenzen zu ziehen, nicht zielführend. Spätestens nach der dritten Ermahnung muss eine Maßnahme folgen, die entweder vorab mit der Lerngruppe festgelegt oder von meiner Seite wohl überlegt wurde. Sie sollte keinesfalls aus einer emotional angespannten Situation heraus vorschnell getroffen werden.

Den Lernenden muss klar sein, dass Regelverstöße Folgen haben und sie zur Verantwortung gezogen werden. Zur Aufstellung der Regeln gehört daher auch das Festlegen der Konsequenzen bei ihrer Nichteinhaltung. Diese Konsequenzen müssen von allen getragen werden, sie müssen dem Regelverstoß angemessen sein und ausgehalten werden können. Es ist zudem ratsam, die Regeln gemeinsam mit den Kollegen, die ebenfalls in der Lerngruppe unterrichten, abzusprechen.

Verstößt ein Schüler gegen eine Regel, so gehe ich konsequent dagegen vor. Das gilt für alle Beteiligten in gleichem Maße und bedeutet Gleichbehandlung für alle. Selbst eine einmalige Inkonsequenz macht die Regelabsprache unglaubwürdig. Hat der Schüler die Konsequenz aus der Regelüberschreitung zur Zufriedenheit erfüllt, ziehe ich einen Schlussstrich unter die Sache. Dies kann in Form einer Versöhnung, aber auch in Form eines Ausblicks nach vorne passieren. Weitere Vorhaltungen mache ich dann nicht mehr.

Das nachfolgende Regelwerk wurde in fünf Unterrichtsstunden zusammen mit meinen Schülerinnen und Schülern erarbeitet, zur Abstimmung gebracht, mit Mehrheit abgestimmt, von allen unterschrieben und im Großformat als Kopie im Klassenraum aufgehängt.

Beispiel: *Klassenregeln und Konsequenzen bei deren Nichteinhaltung (9. Klasse)*

Regel 1: Ich respektiere meine Mitschüler, die Lehrer sowie deren Rechte und Besitz.
Konsequenz: Ich entschuldige mich vor der Klasse bei der betroffenen Person und komme für einen eventuellen Schaden auf.

Regel 2: Ich führe im Unterricht keine privaten Gespräche und störe nicht.
Konsequenz: Ich bekomme einen Strich in der Strichliste oder einen Eintrag ins Klassenbuch. Beim dritten Strich bzw. Eintrag muss ich in eine andere Klasse

gehen oder, falls keine zur Verfügung steht, den Klassenraum verlassen. Beim fünften Eintrag bekomme ich einen Elternbrief ausgehändigt.

Regel 3: Ich rede langsam und freundlich. Ich schweige und höre zu, wenn andere reden.
Konsequenz: Ich bekomme einen Strich in der Strichliste oder einen Eintrag ins Klassenbuch. Beim dritten Strich bzw. Eintrag muss ich in eine andere Klasse gehen oder, falls keine zur Verfügung steht, den Klassenraum verlassen. Beim fünften Eintrag bekomme ich einen Elternbrief ausgehändigt.

Regel 4: Ich bin tolerant gegenüber der Meinung anderer.
Konsequenz: Ich entschuldige mich vor der Klasse bei der betroffenen Person.

Regel 5: Ich bevorzuge und benachteilige niemanden.
Konsequenz: Ich entschuldige mich vor der Klasse bei der betroffenen Person und versuche, mein Fehlverhalten zu korrigieren.

Regel 6: Ich halte Absprachen und Vereinbarungen ein.
Konsequenz: Ich hole Versäumtes nach und habe eine Extraarbeit zu leisten.

Regel 7: Ich befolge die Anordnungen der Lehrer.
Konsequenz: Ich bekomme einen Strich in der Strichliste oder einen Eintrag ins Klassenbuch. Beim dritten Strich bzw. Eintrag muss ich in eine andere Klasse gehen oder, falls keine zur Verfügung steht, den Klassenraum verlassen. Beim fünften Eintrag bekomme ich einen Elternbrief ausgehändigt.

Regel 8: Ich komme pünktlich.
Konsequenz: Ich arbeite nach der dritten selbstverschuldeten Unpünktlichkeit eine Unterrichtsstunde nach.

Regel 9: Ich halte die mir zugewiesenen Dienste ein und führe sie gewissenhaft aus.
Konsequenz: Ich hole Versäumtes nach und habe eine Extraarbeit zu leisten.

Empathie

Die mir anvertrauten Schüler befinden sich in einer schwierigen Phase der Selbstfindung und der Persönlichkeitsentwicklung. Zum einen suchen sie nach

Vorbildern in der Welt der Erwachsenen, zum anderen nach eigenen Wegen der Entfaltung und Verwirklichung, um sich als Individuum von den anderen abzugrenzen.

Oft genug durchleben sie in dieser Phase ein Wechselbad der Gefühle, unterliegen starken Stimmungsschwankungen und legen ein unangemessenes und unangebrachtes Verhalten an den Tag. So verhalten sie sich oft kindlich-egozentrisch, erwarten aber zugleich, wie Erwachsene behandelt zu werden. Sie suchen gleichzeitig Nähe und Distanz, Anschluss und Abgrenzung. Das alles macht es nicht gerade einfach, mit ihnen zusammenzuarbeiten und ihnen Sachverhalte zu vermitteln, die nicht auf ihrer Wunschliste stehen. Was sie allerdings (zurecht) erwarten können, ist, einen Lehrer mit einem klaren Rollenverständnis zu haben.

In der Verantwortung meinen Schülern gegenüber muss ich also eine Ausgewogenheit zwischen Nähe und Distanz sowie zwischen Unterricht, Beratung und privatem Austausch erreichen, ohne „übergriffig" zu werden, und eine Vertrautheit herstellen, die nicht aufdringlich ist. Ich muss Umgangsformen entwickeln, die von Respekt, Toleranz, Achtung und Wertschätzung geprägt sind, und ich muss einfühlsam sein, ohne die Lernenden emotional zu überfordern. Ich bin daher stets bemüht, den Schülern mit einer positiven Grundeinstellung gegenüberzutreten, sie als Persönlichkeit wahr- und ernstzunehmen, mich ihnen zuzuwenden, ihr Handeln zu verstehen, ihre Interessen und Anliegen zu unterstützen, sie zu stärken und ihnen deutlich zu machen, dass ich ihnen vertraue und ihnen etwas zutraue.

Gerechtes Handeln

Schülern gegenüber gerecht zu handeln, ist eine Grundvoraussetzung für ein vertrauensvolles Unterrichtsklima. Je stärker ich bemüht bin, gerecht und ehrlich zu sein, d. h., niemanden zu bevorzugen oder zu übervorteilen, desto mehr gewinne ich das Vertrauen der Schüler.

Wenn ich den Schülern gegenüber nicht immer gerecht bin, so ist dies der Tatsache geschuldet, dass ich genauso wie sie Fehler mache. Das gehört zum Lehren und Lernen einfach dazu. *Wie ich* allerdings mit diesen Fehlern umgehe, hängt mit meinem Verständnis von Ehrlichkeit und Gerechtigkeit ab. Nur wenn auch ich für meine Fehler einstehe und Schüler nicht bevorzuge oder benachteilige, wird mir das notwendige Vertrauen in eine gerechte Behandlung entgegengebracht.

Schwierig wird die Situation allerdings dann, wenn es bei der Frage des gerechten Handelns zu Konflikten mit Kollegen kommt. So habe ich erlebt, wie ein Kollege meines Klassenteams den Lernenden gegenüber unzumutbare Forderungen stellte und sich dann nach massiven Protesten vonseiten der Eltern bei mir Unterstützung holen wollte. Ich habe mich entschieden, in solchen Fällen bei einem gerechten Umgang mit den Lernenden zu bleiben und mich als ihren Anwalt zu sehen, und zwar auch auf die Gefahr hin, als unkollegial zu gelten. Im Zweifelsfall gehe ich lieber eine Auseinandersetzung mit einem Lehrenden ein, als von meinem Gerechtigkeitsanspruch abzuweichen. Bestätigt wird dieses Vorgehen durch das große Vertrauen, das ich bei den Lernenden und auch einigen Kollegen genieße.

Erste Erfahrungen mit den Lernenden

Bereits innerhalb der ersten Minuten stelle ich mit hoher Wahrscheinlichkeit fest, welche Schüler im Laufe der kommenden Jahre Probleme machen werden. Ich merke das daran, dass sie z. B. ungefragt und laut sprechen, auf Anweisungen nicht reagieren, gleich in den ersten Minuten Streitigkeiten mit Mitschülern anfangen, die Zuordnung zu einem Sitzplatz nicht tolerieren, nur bedingt ansprechbar sind, oder dass es ihnen selbst an einer minimalen Ordnung fehlt.

Fachliche Kompetenz der Lehrperson

Neben den bereits erwähnten pädagogischen und sozialen Kompetenzen, die ich mir als Lehrkraft angeeignet habe, spielt für mich auch die fachliche Qualifikation eine große Rolle. Ich habe den Anspruch, einen motivierenden, Interesse weckenden, angemessen rhythmisierten, fachlich fundierten und aktuellen Unterricht durchzuführen, der eine nachhaltige Wissensaneignung ermöglicht. Um diesem Anspruch gerecht zu werden, nehme ich regelmäßig an Weiterbildungen teil und mache dies auch transparent, indem ich den Schülern im Unterricht und den Eltern während Elternabenden und Elterngesprächen von den Fortbildungen und Schulungen berichte, die ich im Rahmen meiner beruflichen Weiterbildung besucht habe. Wenn es für die Altersstruktur der Lernenden meiner Gruppen passt, lasse ich sie an neuen Unterrichtsmaterialien und -ideen teilhaben, indem ich sie – gegebenenfalls nach Rücksprache mit den Eltern – mit ihnen erprobe oder sie von ihnen testen lasse. Das sind z. B. neue Sportspiele, die bisher nicht in den Schulsport einbezogen wurden, oder neu entwickelte Unterrichtsansätze und Arbeitsmaterialien, die einen stärkeren Praxisbezug haben, oder auch neue Medien wie Tablet oder Whiteboard, die dabei sind, Eingang in den Unterricht zu finden.

Feinfühligkeit und Kritikfähigkeit der Lehrperson

Indem ich mich bemühe, die Grundzüge der Persönlichkeit der Lernenden kennenzulernen und den Lernenden die schulischen Ziele und meine persönlichen Vorstellungen im Hinblick auf eine gelingende und erfolgreiche Zusammenarbeit zu vermitteln – was in einer neuen Lerngruppe bis zu einem Dreivierteljahr in Anspruch nimmt –, schaffe ich die Voraussetzung dafür, gegenseitig positive wie negative Kritik zu üben und zu lernen, angemessen damit umzugehen. Darüber hinaus hilft mir das frühe intensive Kennenlernen, viele Konfliktsituationen besser einzuordnen und sie schon im Ansatz zu entschärfen.

Rückmeldung der Lehrperson zum Leistungsstand

Wenn etwas gut läuft, gebe ich den Schülern unmittelbar eine positive Rückmeldung. Dabei lobe ich insbesondere die Schwächeren, wenn ihnen etwas gut gelungen ist, wenn sie etwas verstanden haben oder wenn sie etwas zum Unterricht beitragen konnten. Ein Lob gebe ich aber nur dann, wenn es wirklich verdient ist.

Am Ende einer jeden Unterrichtseinheit, die ca. zwei bis fünf Wochen dauert, informiere ich die Schüler über ihren Leistungsstand und Lernfortschritt, über ihre Mitarbeit und ihr Möglichkeiten, sich zu verbessern. Dabei bemühe ich mich, einen präzisen und differenzierten Überblick zu geben. Ich gebe unter anderem Informationen über die Gesamt- oder Zwischennoten der mündlichen und schriftlichen Leistungen, über die Beurteilung der sonstigen Mitarbeit wie Fleiß, Motivation und Arbeitsverhalten, über etwaige Versäumnisse wie das Vergessen fachspezifischen oder allgemeinen Arbeitsmaterials, über etwaiges Zuspätkommen oder unentschuldigtes Fehlen und die mit diesen Defiziten verbundene Beeinträchtigung der Gesamtbeurteilung. Für die Schüler, die nicht vor der Klasse informiert werden wollen, führe ich im Anschluss an den Unterricht vertrauliche Einzelgespräche. Allerdings gibt es immer wieder Schüler, die nicht über ihren Leistungsstand und ihre Lernfortschritte informiert werden wollen. Das respektiere ich und biete ihnen an, sich die Informationen zu jedem späteren Zeitpunkt von mir geben zu lassen. Der Informationsaustausch zum Leistungsstand im Klassenverband oder in Einzelgesprächen kann ein bis zwei Unterrichtsstunden in Anspruch nehmen.

Rückmeldung der Lernenden zur Lehrperson

Ich gebe den Lernenden regelmäßig Rückmeldung zu ihrem Verhalten, ihrer Mitarbeit, ihren Leistungen und ihrem Leistungsfortschritt. Darüber hinaus formuliere ich auch, wie ich die Arbeitsatmosphäre, das Lernklima, die Zusammenarbeit und das Sozialverhalten in der Lerngruppe empfinde, und erfrage, was aus ihrer Sicht im Unterrichtsverlauf und bei der Wissensvermittlung gut oder weniger gut gelungen war, was die Lernenden verstanden haben bzw. an welchen Stellen es noch Verständnisschwierigkeiten gibt und ob zusätzliche Erklärungen, Übungen, Beispiel- oder Testaufgaben notwendig sind.

Ebenso wichtig wie meine Rückmeldung an die Lernenden ist mir deren Rückmeldung zu mir als Lehrperson. Beim Schülerfeedback halte ich mich mit Kommentaren weitgehend zurück und beschränke mich darauf, die Äußerungen der Schüler schriftlich festzuhalten. Diese Zurückhaltung gelingt mir – abhängig vom Alter der Schüler und ihrer Erfahrung mit dieser Art des Feedbacks – zunehmend besser. Erst in der folgenden Stunde fasse ich die positiven wie negativen Kritikpunkte zusammen und versuche, zusammen mit den Schülern Wege zur Optimierung zu finden.

Vermeiden von Konfliktsituationen

Durch ein bedachtes pädagogisches Verhalten und das Ernstnehmen der Probleme der Lernenden können schon im Vorfeld Konfliktsituationen vermieden werden. Dennoch passiert es immer wieder, dass sich Schüler in Konfliktsituationen im Ton vergreifen, unfair argumentieren und mich beleidigen und verletzen. Dieses Verhalten darf ich keinesfalls persönlich nehmen, richtet es sich doch nicht gegen mich als Person, sondern gegen meine Rolle als Lehrer und „Übervater“. Um sachlich mit dem Konflikt umgehen zu können, mache ich mir in diesen Fällen diese Lehrerolle bewusst.

Fallbeispiel: *Eine Vertretungsstunde im 10. Jahrgang droht, außer Kontrolle zu geraten*

In einer sechsten Unterrichtsstunde muss ich kurzfristig eine Vertretungsstunde im Fach Englisch in einer 10. Klasse geben. Der Unterricht erfolgt also unvorbereitet und fachfremd und zudem in einer mir nicht vertrauten Lerngruppe. Ich entscheide mich für das Thema „Mathematische Rätsel und Knobeleien", mit dem ich in kurzfristig angesetzten Vertretungsstunden gute Erfahrung gemacht habe und das mir die Möglichkeit bietet, mit den Schülern ins Gespräch zu kommen und sie in Einzel- oder Partnerarbeit still zu beschäftigen.

Als ich die Klasse betrete, ist die Stimmung ausgesprochen angenehm. Die Schüler verhalten sich relativ ruhig. Einige arbeiten an ihrem Arbeitsplatz, einige schauen auf und beobachten mich beim Hereinkommen. Ich lege meine Sachen ab und stelle mich neben das Pult, sodass mich alle Lernenden gut sehen können. Ich warte, dass es ruhig wird, was erstaunlich schnell geschieht. Die Schüler erheben sich zur Begrüßung – ein Ritual, das nicht in allen Klassen gepflegt wird. Nachdem sich die Schüler wieder gesetzt haben, stelle ich mich kurz vor und skizziere das Thema der Stunde und den Stundenablauf (Lösen kleinerer, in Geschichten verpackter Rätsel und anschließendes Kennenlernen verschiedener Varianten japanischer Zahlenrätsel).

Während wir im Gespräch über eine Geschichte sind, fallen mir drei Schülerinnen auf, die neben ihrem zur Schau getragenen Desinteresse anfangen, durch unangebrachte Zwischenbemerkungen und Gelächter den Unterricht zu stören. Ich bitte sie, die Störungen zu unterlassen, was die Situation immerhin solange beruhigt, bis ich die Arbeitsaufträge für die Stillarbeit vergeben habe. Wenig später beobachte ich eines der drei Mädchen, Josephine, wie sie demonstrativ versucht, ihre rechte Kopfseite zu verdecken. Die beiden anderen schauen immer wieder zu ihr hin und können sich vor Lachen kaum halten.

In meiner Vermutung bestätigt, dass Josephine einen MP3-Player mit Ohrhörer benutzt, bitte ich sie, mir das Gerät und die Ohrhörer auszuhändigen. Dazu ist sie allerdings nicht bereit und kommt auch meiner Aufforderung nicht nach, vor den Klassenraum zu gehen und dort auf mich zu warten. Ich verweise auf die Hausordnung der Schule, die die Benutzung eines solchen Gerätes im Schulgebäude verbietet und mir das Recht einräumt, es ihr abzunehmen. Sie weigert sich weiterhin und verlässt erst, als ich mit der Benachrichtigung der Jahrgangs- und Schulleitung drohe, den Klassenraum.

Inzwischen ist die Arbeit an den Stillarbeitsbögen zum Erliegen gekommen. Ich bitte die Schüler, die Arbeit wieder aufzunehmen, was zu meiner Erleichterung auch passiert. Vor dem Klassenraum mache ich Josephine deutlich, weder Interesse am Einziehen ihres MP3-Players noch an ihrer Bestrafung zu haben. Mein alleiniges Interesse bestehe darin, sie zur weiteren Mitarbeit zu bewegen. Da von ihr keine Reaktion kommt und ich die übrige Lerngruppe nicht so lange unbeaufsichtigt lassen möchte, bitte ich sie, unter der Bedingung, den MP3-Player wegzupacken und den Unterricht nicht zu stören, zurück in den Klassenraum.

In der Lerngruppe herrscht eine angespannte Stimmung und ich hoffe, dass Josephine keinen weiteren Anlass zum Eingreifen gibt. Wenige Minuten später merke ich allerdings an der Unruhe und den Blicken der beiden oben erwähnten Schülerinnen, dass Josephine den Ohrhörer wieder benutzt. Ohne Zögern schicke ich sie wieder vor die Tür, erkundige mich nach der Klassensprecherin und gehe zusammen mit ihr zu Josephine vor den Klassenraum. Ich erkläre ihnen, dass ein gemeinsamer Unterricht so nicht möglich und eine weitere Weigerung der Mitarbeit mit Konsequenzen verbunden ist. Mit der Bitte an die Klassensprecherin, ihrerseits noch einmal mit Josephine zu reden, gehe ich zurück in den Klassenraum.

Nach ungefähr drei Minuten kommen sie beide wieder zurück in den Raum. Josephine legt den MP3-Player auf das Lehrerpult, ohne mich anzuschauen, setzt sich an ihren Platz und legt den Kopf auf den Tisch. Für den kurzen Rest der Stunde verläuft der Unterricht trotz deutlich getrübter Stimmung einigermaßen geordnet. Zur Verabschiedung am Ende der Stunde bedanke ich mich insbesondere bei der Klassensprecherin für ihr Einwirken und bei den übrigen Schülern für ihre Mitarbeit und ihr bedachtes Verhalten.

Motivationsfähigkeit

Als Lehrer kann ich neben dem Wecken der Begeisterung für den Erwerb neuen Wissens die Motivation gerade auch bei schwächeren Lernenden zusätzlich fördern, indem ich es ihnen und ihren Eltern ermögliche, Schule als eine Institution wahrzunehmen, die die Entwicklung der Jugendlichen positiv unterstützt und die daher als solche unbedingt genutzt werden sollte. Wichtig ist in diesem Zusammenhang auch, den Lernenden den hohen Stellenwert von Fleiß beim Lernen und die Erkenntnis, dass sie einen Anspruch auf einen Schulbesuch haben, nahezubringen.

Anspruch auf Bildung

Um die Motivation bei den Schülern zu fördern, mache ich ihnen deutlich, dass sie einen Anspruch bzw. ein Anrecht auf einen Schulbesuch und auf eine verbindliche und qualifizierte schulische Ausbildung und Betreuung haben. Ich weise sie darauf hin, dass sie das nicht nur als Pflicht, sondern auch als große Chance ansehen sollten. Daher sollten sie insbesondere Unterrichtsausfall, schlechten Unterricht sowie fehlendes Interesse von Lehrpersonen kritisieren und eine Änderung einfordern.

Vielen Schülern und ihren Eltern ist dieses Recht auf Bildung gar nicht bewusst. Aber gerade wenn es zu einer Vernachlässigung der Qualität von Unterricht kommt oder durch Unterrichtsausfälle Bildungsziele nicht eingelöst werden können, ist ein gemeinsames Vorgehen zur Durchsetzung dieser Rechte und Ansprüche ausgesprochen wichtig.

Strebsamkeit und Fleiß

Ich versuche, den Schülern und insbesondere auch ihren Eltern das Streben nach guten Leistungen als positive Eigenschaft nahezubringen. Ich mache ihnen deutlich, dass nicht allein Intelligenz und Begabung zum Lernerfolg führen, sondern dass es enorm wichtig ist, sich intensiv zu bemühen und dem Unterricht interessiert zu folgen.

Für viele Schüler ist es eher verachtenswert und „uncool“, strebsam und fleißig zu sein. In ihrem Wunsch, in ihrer Freundesgruppe gemocht und akzeptiert zu werden, möchten viele Schüler insbesondere im jugendlichen Alter lieber nicht durch gute Noten auffallen und als Streber oder Schleimer gelten. Sie befürchten, in den Verdacht zu geraten, nur der Lehrkraft gefallen zu wollen. Auf der anderen Seite wollen sie gute Zensuren erreichen, um nicht als dumm zu gelten oder um ihren Eltern zu gefallen – ein Wunsch, den sie allerdings vor ihren Mitschülern verbergen müssen.

Beziehung und Ernsthaftigkeit

Am Beispiel meiner Einsätze im Vertretungsunterricht als Klassen-, Fach- oder „reiner“ Vertretungslehrer möchte ich verdeutlichen, wie wichtig die Beziehung zwischen Lernenden und Lehrenden und das Vorgehen mit der notwendigen Ernsthaftigkeit ist.

Als Klassenlehrer genieße ich den Vorteil, viele Unterrichtsprozesse in einer fest zugeordneten Lerngruppe in der Hand zu haben. Dazu zählt, dass ich die Schüler meiner Klasse über einen Zeitraum von in der Regel sechs Jahren begleite. Dadurch werde ich für sie zu einer festen Bezugsperson. Durch den längeren und engeren Kontakt lerne ich die Schüler besser kennen und kann mich besser auf ihre Bedürfnisse, auf ihre schulischen oder außerschulischen Schwierigkeiten, auf ihre Stimmungslagen oder -schwankungen einstellen. Durch den intensiveren Kontakt mit ihren Eltern kann ich darüber hinaus in erzieherischen Fragen größeren Einfluss nehmen. Dies alles hat für mich dann einen wichtigen Vorteil, wenn ich beispielsweise zur Vertretung in meiner Klasse eingesetzt bin. Aufgrund der bestehenden Beziehungen und der Vertrautheit erweist sich der Vertretungsunterricht als in der Regel unkompliziert. Ähnlich stellt sich für mich die Situation dar, wenn ich als in der Lerngruppe unterrichtender Fachlehrer in eine Vertretungsstunde gehe.

Ganz anders ist es allerdings, wenn ich als reiner Vertretungslehrer in einer Lerngruppe unterrichten muss, deren Schüler ich nicht kenne. Ich unterscheide dabei die vorbereiteten von den unvorbereiteten Vertretungsstunden. Erstere liegen dann vor, wenn der zu vertretene Lehrende den Unterricht bereits geplant, mir seine Planung mitgeteilt und seine Materialien an mich übergeben hat oder wenn ich genügend Zeit hatte, den Unterricht selbst zu planen und eigene Materialien anzufertigen. Da das Thema und die Inhalte der Stunde bereits bekannt sind, geht es mir in diesen Stunden darum, mit den mir unvertrauten Lernenden die Unterrichtsziele zu verwirklichen.

Indem ich die Lernenden begrüße und mich vorstelle sowie mit einem Witz oder einem Rätsel auf eine aktuelle Begebenheit eingehe, sorge ich für Ruhe, was eine etwas längere Zeit in Anspruch nehmen kann. Danach erkundige ich mich nach der letzten Fachstunde und setze die Arbeitsaufträge der Lehrkraft um, die ich vertrete. Sollten die Lernenden jedoch etwas ganz anderes machen wollen, so erkläre ich ihnen freundlich, aber bestimmt, dass ich mich aufgrund der konkreten Vorgaben, die ich erhalten habe, darauf nicht einlassen kann. In den meisten Fällen klappt ein solcher Einstieg in den Vertretungsunterricht gut. Störungen und Konflikte treten dabei kaum häufiger auf als im normalen Fachunterricht. Auf sie gehe ich, wie bereits oben beschrieben, individuell ein, d.h., ich spreche einzelne Schüler auf ihr Fehlverhalten direkt im Klassenraum an. Führt dies nicht zur Lösung des Problems, setze ich das Gespräch vor dem Klassenraum fort. Zudem ist es sehr hilfreich, den Ablauf der Vertretungsstunde zu dokumentieren und das Protokoll der zu vertretenden Lehrkraft möglichst unmittelbar danach zu übergeben. Die Lernenden informiere ich gleich zu Beginn der Stunde über diese Vorgehensweise.

Die unvorbereiteten Vertretungsstunden in einer Klasse, deren Schüler ich nicht kenne, bergen genau dann Probleme, wenn ich die Vertretungsstunde kurzfristig halten muss, ich mich daher nicht über den aktuellen Fachstand der Klasse informieren konnte und ich möglicherweise auch noch fachfremd unterrichten muss. Für diesen Fall habe ich mir als Sport- und Mathematiklehrer immer ein Repertoire an aktuellen Themen und Inhalten für die jeweiligen Jahrgangsstufen mit passenden Sportspielen, Rätseln, Knobeleien, Arbeitsmaterialien zum Allgemeinwissen angelegt, die ohne umfangreiche Vorkenntnisse, ohne fachlichen Druck und ohne Zensierung, aber mit schnellen Erfolgen umgesetzt werden können.

Meine Erfahrung ist, dass ich dann als Vertretungslehrer ernst genommen werde, wenn auch ich den Vertretungsunterricht ernst nehme. Das wiederum bedeutet für mich, vorbereitet und souverän, freundlich und offen vor die Lerngruppe zu treten. Die mir unbekannte Lerngruppe kennt meinen Unterrichtsstil und meine Unterrichtsmethoden (noch) nicht und wird daher gerade in den ersten Minuten mein Auftreten besonders beachten. Mein Hauptaugenmerk liegt also auch darauf, ein angenehmes Unterrichtsklima zu schaffen und aufrechtzuerhalten und sowohl für eine gute Stimmung als auch eine gute Lernatmosphäre zu sorgen.

In Einzelfällen kommt es aber auch vor, dass ich mich von den Lernenden dazu bewegen lasse, Haus- bzw. Übungsaufgaben oder andere unterrichtsbezogene Aufgaben zu erledigen. Das sind aber Ausnahmen, die sich meist nur dann ergeben, wenn wichtige Klassenarbeiten oder Prüfungen anstehen.

Zum Ende solcher Vertretungsstunden in mir unbekannten Lerngruppen frage ich meistens nach den Eindrücken von der Stunde und gebe anschließend meinerseits ein kurzes Feedback, indem ich hervorhebe, was gut gelaufen ist und was bei einem nächstem Mal besser laufen könnte.

Ängste, Befürchtungen und Sorgen der Lehrperson

Natürlich gibt es auch in meinem Schulalltag Situationen, die ich als schwierig bis bedrohlich einstufe, und von denen ich nicht weiß, ob ich sie meistern kann. Einige der zuvor aufgeführten Beispiele geben einen kleinen Einblick in Unterrichtsszenarien, deren Ausgang ich nicht immer vorhersehen kann. Dazu gehören der Umgang mit schwierigen Schülern sowie der Unterricht in fremden Lerngruppen. Auch wenn ich durch die Kenntnis verschiedener Strategien und pädagogischer Maßnahmen Vorsorge getroffen habe, bleibt letztlich immer eine gewisse Unberechenbarkeit, die zu Ängsten führen kann.

Neben den Konflikten mit den Lernenden belasten mich aber vor allem auch Situationen, in denen meine pädagogischen Überzeugungen nicht mit denen der Kollegen übereinstimmen, mit denen ich in einer Lerngruppe zusammenarbeite. Das Gleiche gilt, wenn ich in Teams mitarbeite, deren pädagogischen Vorstellungen und Ziele durch äußere Zwänge nicht umzusetzen sind, die es in einer behördlichen Institution wie der Schule unvermeidlich gibt, wie beispielsweise die Ablehnung notwendiger zusätzlicher Fördermaßnahmen, das Trennen funktionierender Klassenteams etc. Damit diese Konfliktsituationen nicht auf dem Rücken der Schwächsten – nämlich der Lernenden – ausgetragen werden, ist es mir als Lehrperson wichtig, über ein hohes Maß an Kraft, Beharrlichkeit und auch Selbstkritik zu verfügen.

Teil 2

Wie sieht ein „hirngerechter" Unterricht aus?

A Wissenschaftliche Grundlagen

Alle Unterrichtsformen müssen zum Ziel haben, Wissen und Fähigkeiten bzw. Fertigkeiten so zu vermitteln, dass die daran geknüpften Inhalte möglichst langfristig im deklarativen bzw. prozeduralen Gedächtnis der Schüler hängenbleiben. Mit welchen Mitteln dieses Ziel zu erreichen ist, darüber gibt es gegenwärtig sehr unterschiedliche Vorstellungen und zum Teil erbitterte Auseinandersetzungen. Die einen betonen klassische lehrerzentrierte Lehr- und Lernmethoden wie den Frontalunterricht, eine klare Strukturierung des Stoffes, ein Lernen mit Aufmerksamkeit und Fleiß, das Vertiefen durch Hausaufgaben und das Überprüfen durch Prüfungen und Noten. Die anderen sehen selbstreguliertes und selbstorganisiertes Lernen als Allheilmittel an, bei dem der Lehrende nur noch darauf zu achten hat, dass es im Unterricht halbwegs gesittet zugeht. Solch kontroverse Auffassungen von Schule und Unterricht führen natürlich zu einer tiefen Verunsicherung der Lehrenden hinsichtlich ihrer Rolle.

Diese Kontroversen sind insofern obsolet, als es seit langem empirisch gut abgesicherte Erkenntnisse hinsichtlich der Frage gibt, auf welche Weise schulisches Wissen vermittelt werden kann, damit es sich langfristig im Gedächtnis der Lernenden verankert. Die bereits genannte Hattie-Studie hat nur bekräftigt, was gute Lehrer immer schon wussten und praktizierten und gute Didaktiker und Pädagogen immer schon propagierten: Dass es nämlich keine optimale singuläre Unterrichtsform gibt, sondern dass ein Methodenmix die beste Art „hirngerechten" Unterrichts darstellt, und dass bei dieser Form des Unterrichts der Vertrauenswürdigkeit, der Kompetenz und der Feinfühligkeit des Lehrenden im Verhältnis zu den Lernenden eine zentrale Rolle zukommen (vgl. Meyer, 2004; Jank und Meyer, 2009).

Nach wissenschaftlichen Erkenntnissen hängt der Lernerfolg neben der Lehrer- und der Schülerpersönlichkeit von folgenden weiteren Faktoren ab: (1) Intelligenz und Begabung des Schülers, (2) seine Aufmerksamkeit, (3) seine allgemeine Motiviertheit für schulisches Lernen und sein spezielles Interesse für ein bestimmtes Fach oder einen bestimmten Inhalt, (4) die Anschlussfähigkeit des Lernstoffs an die Lebenswelt des Schülers und an das bereits vorhandene Wissen, (5) die Art und Strukturierung des Unterrichts, (6) Fleiß und aktive Aneignung des Schülers, (7) Wiederholung des Lernstoffs in zunehmenden zeitlichen Abständen.

In diesem Zusammenhang spielen die lern- und kognitionspsychologischen und neurobiologischen Erkenntnisse zu den grundlegenden Mechanismen des Lehrens und Lernens eine wichtige Rolle. Diese sollen im Folgenden dargestellt werden.

Lernen und Gedächtnisbildung aus neurobiologischer Sicht

Lernen in Form der Wissensaneignung beruht aus neurobiologischer Sicht auf Umstrukturierungen von Neuronen-Netzen in der Großhirnrinde, die Träger von Gedächtnisinhalten sind. Genauer basiert Lernen auf der physiologischen und/oder strukturellen Verstärkung oder Abschwächung synaptischer Kontakte zwischen den Nervenzellen aufgrund einer bestimmten Erfahrung. Diese Veränderung synaptischer Kontakte verändert die Funktion der Neuronen-Netzwerke und führt z. B. dazu, dass in ihnen Inhalte kurzfristig oder langfristig gespeichert werden.

Für das Lernen und die Gedächtnisbildung in der Schule ist primär das sogenannte deklarative oder explizite Gedächtnis von Bedeutung. Es besteht aus nahezu unendlich vielen „Schubladen" und ist in der Großhirnrinde lokalisiert. Es hat mit Inhalten zu tun, die zumindest im Prinzip sprachlich detailliert wiedergegeben („deklariert") und damit über Erinnerung „explizit" gemacht werden können. Man unterscheidet hierbei episodische Gedächtnisinhalte, die mit konkreten Geschehnissen und Erlebnissen, insbesondere hinsichtlich der eigenen Person, zu tun haben („Was ich letzte Woche in Hamburg erlebt habe."), und semantische Gedächtnisinhalte, die kontext- und erlebnisunabhängige Wissensinhalte im engeren Sinne betreffen („Welches ist die Hauptstadt von Frankreich?", „Wie lautet die Strukturformel von Wasser?"). Oft werden durch Wiederholung Inhalte des episodischen Gedächtnisses zu Inhalten des semantischen Gedächtnisses, indem die variablen Kontexte ausgeblendet werden und der abstrakte Bedeutungskern übrig bleibt.

Wichtig ist die Zeitstruktur des deklarativen Gedächtnisses. Der Prozess der deklarativen Gedächtnisbildung beginnt mit der Arbeit des Kurzzeitgedächtnisses, auch Arbeitsgedächtnis genannt, das eine Spanne von 2–30 Sekunden hat. Die neuronale Speicherung ist rein physiologischer Natur, d. h., sie beruht auf vorübergehenden Veränderungen der synaptischen Übertragung und ist deshalb sehr störungsanfällig. Inhalte, die in diesem Kurzzeit- oder Arbeitsgedächtnis sinnhaft (vor)verarbeitet wurden, gelangen von dort in ein „Zwischengedächtnis" (intermediäres Gedächtnis), das eine Spanne von ca. 30 Sekunden bis 30 Minuten aufweist. Ab dann beginnt sehr allmählich die Einspeicherung ins Langzeitgedächtnis mit einer Spanne von 30 Minuten bis Jahrzehnten. Die Kapazität des Langzeitgedächtnisses ist praktisch unbegrenzt und beruht auf strukturellen Veränderungen der Nervennetze, d. h. der Ausbildung neuer und dem Abbau oder der anatomischen Veränderung vorhandener Synapsen. Es ist deshalb viel unempfindlicher gegen Störungen, obgleich es ebenfalls nicht statisch, sondern höchst dynamisch ist, d. h., es schreibt sich aufgrund neuer Erfahrung ständig um, wenngleich in einem viel langsameren Tempo.

Für die Überführung von Inhalten vom Kurzzeit- oder Arbeitsgedächtnis in das Langzeitgedächtnis sowie für die Erinnerung an diese Inhalte sind der Hippocampus und die ihn unmittelbar umgebende Hirnrinde verantwortlich. Bei Störungen des Hippocampus kann ein Mensch für wenige Sekunden bis Minuten etwas behalten – was zeigt, dass das Arbeitsgedächtnis im Prinzip unabhängig vom Hippocampus arbeiten kann –, aber danach ist der Inhalt verloren und nicht mehr erinnerbar. Der Hippocampus ist ein Zwischenspeicher und für die Überführung der Gedächtnisinhalte in die Cortex-„Schubladen" und deren Einpassung in vorhandenes Wissen zuständig. Diese Vorgänge scheinen überwiegend nachts während des Schlafes abzulaufen und zwar sowohl in den Traumphasen als auch in den traumlosen Schlafphasen.

Bedeutung des Arbeitsgedächtnisses

Das Kurzzeit- bzw. Arbeitsgedächtnis bildet den Eingang in das Gedächtnissystem. Es ist zuständig für die kurzfristige Verarbeitung von Sinnesinformationen, z. B. wenn wir etwas hören oder lesen, und von aktuell abgerufenen Inhalten des Gedächtnisses, wenn uns etwas gerade einfällt oder wenn wir einen Gedanken verfolgen. Es ist deshalb auch weitgehend identisch mit unserem Aktualbewusstsein, also mit dem bewussten Erleben dessen, was gerade passiert.

Das Arbeitsgedächtnis hat die schwierige Aufgabe, die aktuellen Inhalte, zum Beispiel was der Lehrer gerade erzählt oder was ich gerade lese, zu einem möglichst sinnvollen Ganzen zu machen. So hat das Arbeitsgedächtnis z. B. die Aufgabe, in Zusammenarbeit mit den Sprachzentren (Wernicke- und Broca-Sprachzentrum) aus gehörten oder gelesenen Wörtern mithilfe von sprachlichen Vorerfahrungen einen bedeutungsvollen Satz zu machen. Dazu muss es zu den aktuellen Inhalten jeweils das passende Vorwissen aus dem Langzeitgedächtnis aufrufen. Ansonsten wäre ein Verstehen nicht möglich, denn Verstehen neuer Inhalte heißt, sie in einen sinnvollen Zusammenhang mit bereits vorhandenen Wissensanteilen zu bringen.

Dies ist für das Gehirn sowohl stoffwechselphysiologisch wie semantisch sehr aufwendig, und gleichzeitig (oder gerade deshalb) ist seine Verarbeitungs- und Speicherkapazität gering. Dies ist der Grund dafür, warum es für uns so schwierig ist, länger als wenige Minuten einer komplizierten Sache, z. B. den Ausführungen des Lehrers, zu folgen (dazu weiter unten mehr). Zugleich gilt, dass nur das, was im Arbeitsgedächtnis strukturiert und sinnhaft verarbeitet wurde, gute Chancen hat, über das Zwischengedächtnis im Langzeitgedächtnis nachhaltig verankert zu werden. Alles andere wird im Allgemeinen nicht weitergeleitet und verschwindet unabgespeichert. Deshalb bildet das Arbeitsgedächtnis den kritischen „Flaschenhals" für die Aufnahme und die primäre Verarbeitung von Wissen, und daher muss der Lehrende im Unterricht besonders diese kritischen Eigenschaften des Arbeitsgedächtnisses berücksichtigen (siehe unten).

Im Normalfall, d. h. ohne besondere Unterstützungsmaßnahmen, findet beim Übergang vom Arbeitsgedächtnis in das intermediäre Gedächtnis und schließlich in das Langzeitgedächtnis ein starker Informationsverlust statt, d. h., man vergisst unter normalen Umständen das soeben Erlebte in seinen Details sofort, und es kommen nur Bruchteile der ursprünglichen Information im Langzeitgedächtnis an. Noch weniger Inhalte schaffen es, sich dort dauerhaft zu verankern, es sei denn, bestimmte Faktoren, die im Folgenden besprochen werden, treten in Aktion. Diese starke Reduktion ist im Alltagsleben höchst sinnvoll, denn es schützt das Gehirn davor, die zahlreichen gänzlich unwesentlichen Dinge zu verarbeiten und abzuspeichern. In der Schule hingegen, wo es ja um konzentrierte Vermittlung bedeutsamer Dinge geht, ist dieser Umstand sehr nachteilig und muss deshalb in Grenzen gehalten werden. Dies geschieht im Wesentlichen durch Aufmerksamkeit und Konzentration, durch Anbindung an das Vorwissen und durch Wiederholung.

Aufmerksamkeit und Konzentration

Das Ausmaß der Verarbeitung und Konsolidierung von Lerninhalten wird stark vom Grad der Aufmerksamkeit bzw. Konzentration bestimmt. Hört man einer Mitteilung nicht genau zu oder konzentriert man sich nicht beim Lesen, dann bleibt kaum etwas hängen. Deshalb sagt der Lehrende oft: „Hört genau zu, schaut genau hin, sonst kapiert ihr es nicht!“ Die psychologische und neurobiologische Aufmerksamkeitsforschung unterscheidet zwei Arten von Aufmerksamkeit, nämlich eine außen- und eine innengesteuerte bzw. eine „von unten nach oben“ (*bottom up*) und eine „von oben nach unten“ (*top down*) gesteuerte Aufmerksamkeit.

Zur ersten Kategorie gehören alle Aufmerksamkeitszustände, die von sensorisch auffälligen Reizen (Farben, Geräusche, Bewegungen, Gestaltveränderungen usw.) hervorgerufen werden, welche mehr oder weniger automatisch unsere Aufmerksamkeit auf sich ziehen. Alles Überraschende und Auffallende (ein lauter Knall, schreiende Farben, bizarre Bewegungen usw.) ist erst einmal an sich bedeutsam, wenngleich oft nur für kurze Zeit, nämlich wenn unser Gehirn feststellt, dass es keine bedeutsamen Konsequenzen hat. Zur zweiten Kategorie gehören all die Ereignisse in der Umwelt oder in unserem Körper, denen unser Gehirn aus irgendeinem Grund, der in der Regel in der Erfahrung zu suchen ist, eine Bedeutung zumisst, auch wenn die Ereignisse selbst sensorisch unauffällig sind. Dies äußert sich in unserem Interesse an den Ereignissen, das meist mit aktiver Hinwendung unserer Augen bzw. unseres Kopfes und Körpers zum Reiz begleitet wird.

Neurobiologisch gesehen verstärken sich bei innengesteuerter Aufmerksamkeit die Arbeitsweisen derjenigen Hirnzentren, die neue und wichtige Dinge verarbeiten (vgl. Abbildung 5, S. 30). Diese Zentren sind – das ist nicht überraschend – mehr oder weniger identisch mit den Hirngebieten, in denen sich auch das Arbeitsgedächtnis befindet. Hierzu gehört das obere Stirnhirn (der dorsolaterale präfrontale Cortex), das vornehmlich für bedeutungsgeleitete Aufmerksamkeit zuständig ist. Weiterhin gehört hierzu der hintere Scheitellappen (der posteriore parietale Cortex), der vornehmlich mit räumlicher Aufmerksamkeit und entsprechenden Orientierungsreaktionen zu tun hat und Ort räumlicher und handlungsbezogener Gedächtnisinhalte ist. Beim Zuhören kommen Bereiche des auditorischen Cortex hinzu, beim Zuschauen der visuelle Cortex im Bereich des Hinterhaupts- und Schläfenlappens. Wenn sich eine Person auf etwas räumlich und geistig konzentriert, dann steigt die Aktivitätsstärke der beteiligten Nervenzellen (die „Feuerrate") stark an. Zudem erhöht sich zugleich der Grad synchroner Aktivität der beteiligten Nervenzellen und erniedrigt sich derjenige der nicht „aufmerksamen" Neuronen.

Die Deutung dieser Prozesse geht dahin, dass im Zustand der Aufmerksamkeit sowohl die sensorische Auflösung als auch die Kapazität der Informationsverarbeitung der beteiligten Nervenzellverbände gesteigert werden, d. h., die Informationen werden detailreicher verarbeitet und zwar umso mehr, je stärker wir uns konzentrieren. Allerdings ist das Ausmaß dieser Erhöhung dadurch begrenzt, dass innerhalb einer gegebenen Zeit das „Quantum" der Aufmerksamkeit entweder auf wenige Inhalte oder gar nur einen Inhalt konzentriert oder aber flach auf viele Inhalte verteilt werden kann. Deshalb geschieht es oft, dass bei starker Konzentration auf einen Inhalt (etwa eine spannende Lektüre) die übrige Welt um uns buchstäblich versinkt (Unaufmerksamkeitsblindheit, englisch „inattentional blindness", genannt), während im Zustand flacher Konzentration mehrere Dinge verfolgt, gleichzeitig aber nur oberflächlich wahrgenommen werden. Eine oft angewandte Alternative ist, dass unsere Aufmerksamkeit schnell hin und her springt, wie dies beim oft propagierten Multitasking geschieht, aber dies verbraucht erhebliche mentale und physiologische Ressourcen und ist weniger effektiv, als allgemein angenommen wird.

Daraus folgt, dass das Aufmerksamkeitssystem umso stärker beansprucht wird und umso eher „Luft holen" muss, je neuer und schwieriger der zu vermittelnde Stoff ist, d. h., der Aufmerksamkeitsvorrat ist schnell erschöpft und muss wieder nachgefüllt werden. Der Lehrende muss entsprechend den Stoff in „Spannungsbögen" von wenigen Minuten präsentieren und Unterbrechungen in Form von Beispielen, lustigen Bemerkungen usw. liefern, um zu vermeiden, dass die Lernenden in ihrer Aufnahmefähigkeit überfordert werden und „aussteigen", d. h. weghören bzw. wegsehen. Dasselbe geschieht, wenn wir einen schwierigen Text lesen oder komplizierte Dinge genau beobachten. Das können wir nur für kurze Zeit und müssen geistig kurz „Luft holen", z. B. indem wir uns fragen, was wir gerade an wichtigen Dingen gelesen haben. Die individuellen Unterschiede der

Aufmerksamkeits- und damit der Aufnahmefähigkeit sind natürlich enorm und korrelieren stark mit der allgemeinen Intelligenz. Das heißt, Intelligente können in gegebener Zeit scheinbar mehr aufnehmen, da sie das Gehörte oder Gesehene unbewusst oder intuitiv besser „verpacken" („chunking" genannt).

Lehrende müssen bei allem, was sie an Inhalten vermitteln wollen, die quantitative Begrenztheit des Arbeitsgedächtnisses der Lernenden bedenken. Gegen diese Maßgabe wird leider oft verstoßen und zwar aus zwei Gründen: erstens wegen des Bestrebens, in einer Unterrichtsstunde von 45 Minuten mit dem Stoff „durchzukommen", und zweitens aufgrund der Vertrautheit des Lehrenden mit dem Stoff. Je vertrauter uns ein Stoff ist, desto weniger geistigen Aufwand müssen wir beim Befassen mit ihm treiben. Dem Lehrenden ist alles (hoffentlich) „sonnenklar", die Zusammenhänge liegen auf der Hand, während für den Lernenden das meiste neu und ungewohnt ist und Zusammenhänge erst mühsam hergestellt werden müssen. Der gute Lehrende stellt sich auch hier konsequent auf den Standpunkt des Lernenden, dem das alles eher unvertraut ist und der oft Mühe hat, dem Lehrenden zu folgen. Je größer diese Verständnisschwierigkeiten sind, desto weniger bleibt vom Gehörten oder Gelesenen hängen.

Anschlussfähigkeit des Stoffes

Allgemein gilt, dass sich ein neuer Stoff umso nachhaltiger im Langzeitgedächtnis verankert und umso leichter erinnert wird, je besser er sich an das bereits vorhandene Wissen anschließt. Man kann sich das Langzeitgedächtnis modellhaft als ein vierdimensionales Gebilde vorstellen, bestehend aus drei räumlichen Dimensionen und einer zeitlichen Dimension. Das Gedächtnismodell besteht aus einem Behälter mit vielen weitmaschigen Netzen, die übereinander angeordnet sind. Die dort zu verankernden Inhalte fallen durch alle Netze hindurch bis auf den Boden und können von dort nicht hochgeholt werden, sofern sie nicht „Ärmchen" ausbilden, mit denen sie sich an die Netzfäden anklammern können. Je mehr und je länger diese Ärmchen sind, desto mehr bleiben die Inhalte an der Oberfläche und können von dort leichter abgerufen, d. h. erinnert werden. Der Anzahl und Länge der Ärmchen entspricht der Grad der Anschlussfähigkeit an vorhandenes Wissen sowie der Grad der Wiederholung (siehe unten). Ebenso gilt das Umgekehrte, d. h., was nicht an vorhandenes Wissen anschließen kann, wird nur schwer gelernt, denn es macht erst einmal „keinen Sinn" und kann sich nicht mit vorhandenem Wissen verbinden. Dies gilt etwa für den Erwerb von Grundkenntnissen, z. B. dem Lernen der ersten Vokabeln in einer Fremdsprache, was oft sehr schwerfällt. Hier hilft oft nur Auswendiglernen, ehe eine genügende Menge an anschlussfähigem Wissen vorhanden ist. Entsprechend unserem Modell fällt der nicht anschlussfähige Wissensinhalt durch die Netzwerke des Langzeitgedächtnisses hindurch und sammelt sich schwer hervorholbar „am Boden" an.

Das Wissensgedächtnis besteht aus sehr vielen lokalen Netzwerken („Schubladen") der Großhirnrinde, die im Prinzip zwar unabhängig voneinander arbeiten können, aber umso besser funktionieren, je mehr sie vernetzt sind und sich entsprechend untereinander unterstützen. Dabei werden vom „Organisator" des deklarativen Gedächtnisses, dem Hippocampus, die vom Arbeitsgedächtnis kommenden Inhalte im ersten Schritt nach unterschiedlichen Aspekten (Personen, Geschehnisse, Objekte, Orte, Namen, Farben, emotionaler Zustand, Neuigkeit usw.) in unterschiedlichen „Schubladen" abgelegt, die sich dann mit voranschreitendem Lernen und häufigeren Wiederholungen zunehmend vernetzen. Dies bedeutet generell, dass anfangs ein Erinnern deshalb schwer ist, weil der betreffende Inhalt nur über einen einzigen Zugriff auf die entsprechende „Schublade" möglich ist. Später, wenn das Wissen vernetzt ist, unterstützen sich – wiederum bildlich gesprochen – die miteinander vernetzten Schubladen beim Öffnen, d. h. bei der Erinnerung der Inhalte. Dies ist die Grundlage assoziativen Erinnerns, d. h., bei einem Inhalt fallen uns weitere Inhalte automatisch ein.

Für den Unterricht bedeutet das, dass vor jeder Vermittlung neuen Stoffes eine sorgfältige Überprüfung des Vorwissens, also des aktuellen Wissensstandes der Schüler, dringend notwendig ist. Ist nicht genügend Vorwissen vorhanden (z. B. wenn die Mehrzahl der Schüler den Stoff der vorigen Stunden nicht verstanden hat), mit dem sich der neue Stoff gut verbinden lässt, so ist der anschließende Behaltensgrad des neuen Stoffes gering. Der Lehrer muss in einem solchen Fall erneut und geduldig versuchen, den Stoff zu vermitteln.

Auch wenn der Druck der Lehrpläne dazu verführt, schnell zur Sache kommen zu wollen, muss jeder Lehrende den Wissensstand des einzelnen Schülers feststellen und den neuen Stoff diesem Stand anpassen. Vor dem Hintergrund des 45-Minuten-Taktes und der oft großen Begabungsunterschiede innerhalb einer Klasse ist das mühsam, aber unerlässlich. In der Praxis werden von den Lehrenden nach deren eigenem Bekunden oft zwei Drittel der Schüler „abgeschrieben" und man ist froh, wenn ein Drittel dem Unterricht gut folgen kann. Für den Wirkungsgrad schulischer Bildung allerdings wäre eine solche Praxis katastrophal.

Allgemeine Motiviertheit und Lernbereitschaft der Schüler und Interesse an einem bestimmten Stoff

Im Gehirn eines jeden von uns gibt es ein kompliziert aufgebautes System, das vor jeder Situation, in der eine Person etwas tun soll, prüft, ob das verlangte Verhalten eine Belohnung verspricht bzw. Unlust vermeiden hilft, was in der Regel eine besonders starke Belohnung darstellt. Dieses System umfasst bereits genannte subcorticale Zentren wie die Amygdala, den Nucleus accumbens, das basale Vorderhirn, den Hippocampus und das untere und das innere Stirnhirn (orbitofrontaler und ventromedialer Cortex), die ihrerseits die Ausschüttung bestimmter lernfördernder Stoffe wie Noradrenalin (Antrieb), Dopamin (Belohnungserwartung) und Acetylcholin (Aufmerksamkeit) regulieren und das Eintreten bzw. Nichteintreten der Belohnung genau registrieren. Diese Zentren und Stoffe beeinflussen in unterschiedlichster Weise die Verankerung von Inhalten im Langzeitgedächtnis und legen das Interesse und die Motiviertheit beim Lernen fest, sei es allgemein oder bezogen auf einen bestimmten Inhalt.

Das Gehirn des Schülers entwickelt im Zusammenhang mit schulischem Lernen schnell Belohnungserwartungen, die erfüllt oder enttäuscht werden können. Es ist also wichtig, dass ein Kind bei seinen Eltern und der weiteren sozialen Umgebung früh die Erfahrung macht, dass Lernen etwas Schönes und Nützliches ist. Dies drückt sich dann in generell erhöhter Lernbereitschaft und Motiviertheit aus, denn Lernen macht besonders dann Spaß, wenn die Eltern das Kind loben. Werden dagegen Lernen und Schule früh als mühselig und lästig empfunden oder abgewertet, z. B. durch abfällige Bemerkungen der Eltern über ihre Schulzeit und ihre Lehrer, so muss man sich nicht wundern, dass sich bei den Kindern erst gar keine Lernmotivation einstellt. Ein wesentlicher Teil der Bildungsnähe einer Familie besteht in der Vermittlung einer Wertschätzung schulischer Bildung durch die Eltern. Dabei kommen Büchern, dem Lesen und den Gesprächen über das Gelesene und natürlich einem generell konflikt- und gewaltfreien Umgang miteinander eine besondere Bedeutung zu.

Ebenso wichtig ist es für jeden Lehrer, Interesse für den zu unterrichtenden Stoff zu wecken. Ein guter, d. h. glaubwürdiger, kompetenter und feinfühliger Lehrer kann die Schüler für fast jeden Stoff begeistern, indem er die Lebens- und Erfahrungswelt der Schüler anspricht und den Stoff anschlussfähig macht. Hier sind dem Einfallsreichtum der Lehrenden keine Grenzen gesetzt.

Anstrengungsbereitschaft und Lernerfolg

In vielen Büchern wie auch in der Schulpraxis selbst werden ein „anstrengungsfreier Unterricht“ bzw. ein „spielerisches Lernen“ propagiert. Diese Form des Unterrichtens bzw. Lernens kann jedoch insofern kritisch bewertet werden, als ein leichter, anregender Stress in Form von Herausforderung generell lernfördernd ist. Hierbei wird im Gehirn der Neuromodulator Noradrenalin ausgeschüttet, der in geringen Dosen das Gehirn allgemein aufnahmebereit macht, indem er u. a. auf Hippocampus, Nucleus accumbens und basales Vorderhirn einwirkt. Aus Sicht der Verhaltensphysiologen und Lernpsychologen ist es deshalb nachteilig, wenn die Lernsituation zu entspannt und „kuschelig“ ist und der Unterricht ohne jegliche Anstrengung auf niedrigstem Niveau abläuft. Hierbei wird insbesondere das Aufmerksamkeitssystem nicht genügend aktiviert.

Während das Kleinkind ohne besondere Herausforderung und rein spielerisch lernen sollte und das eigentlich auch von selbst tut, muss Lernen – zumindest mit Beginn des 4. Lebensjahres – als positive Anstrengung und Herausforderung empfunden werden. Die Verankerung von Inhalten im Langzeitgedächtnis wird stark über die dabei aufgewendete Anstrengung bestimmt, denn für das Gehirn gilt: „Wofür ich mich sehr angestrengt habe, das merke ich mir auch gut! Was mir ohne Anstrengung zufliegt, kann nicht wichtig und behaltenswert sein.“

Starker Stress hingegen, verbunden mit Versagensangst und dem Gefühl des Bedrohtseins durch den Lehrenden, führt zu einer starken Hemmung des Lernerfolges. Das Gehirn stellt über ein spezielles „Monitor-System“ im cingulären Cortex auch fest, wenn eine Belohnung (z. B. in Form eines Lobes) verdient oder unverdient war, und stellt sich sofort hierauf ein. Es muss klare Regeln der Bewertung des Lernerfolges geben, die der Schüler nachvollziehen kann.

Fleiß und Wiederholung

Fleiß ist eine wichtige Voraussetzung für den Lernerfolg und bezieht sich vornehmlich auf einen konzentrierten und sorgfältigen Umgang mit dem anzueignenden Wissen einschließlich der Wiederholung. Fleiß ist wie Intelligenz teils abhängig von tiefsitzenden Persönlichkeitsmerkmalen wie Gewissenhaftigkeit, Ausdauer, Zielorientierung, Belohnungserwartung, teils ist er umweltabhängig, insbesondere von prägenden Faktoren in Kindheit und früher Jugend wie einem lernbegünstigenden und intellektuell offenen Familienklima, dem Vorbild der Eltern, Ermutigung und frühen Lernerfolgen. Dies erklärt, warum neben Motivation auch Fleiß signifikant mit dem Bildungsgrad der Eltern korreliert.

Wie bereits erwähnt, ist die Einstellung zum Fleiß in Deutschland deutlich geschlechtsspezifisch ausgeprägt. In manchen Schulen gilt es als besonders männlich, schlechte Noten zu haben und deshalb „unbeugsam" zu erscheinen. Dies drückt allerdings signifikant die Schulleistung der Jungen im Vergleich zu denen der Mädchen und resultiert in deutlich schlechteren Abiturnoten, was negative Auswirkungen auf die weiteren Ausbildungs- und Berufschancen junger Männer hat. Die Gründe für diese „Fleiß-Aversion" ist unklar, zumal sie in vielen Ländern wie den USA, Großbritannien und insbesondere den asiatischen Ländern nicht anzutreffen ist.

Wiederholung ist das A und O des Lernens. Mit Ausnahme stark emotionaler Geschehnisse, die meist ungesteuert ins Gedächtnis eindringen, wird nichts mit einem Mal gelernt. Wie weiter oben erwähnt, ist das Langzeitgedächtnis dynamisch und schreibt sich langsam, aber stetig um. Dabei werden Dinge, die nicht erneut erlebt oder vermittelt werden, zunehmend komprimiert und entziehen sich immer weiter dem Erinnerungszugriff, bis sie ohne besondere Zugriffshilfen (im Englischen „primer") nicht mehr oder nur noch sehr grob erinnert werden können.

Bei jeder Wiederholung wird dieser Kompressionsprozess unterbrochen, und die Inhalte bleiben dadurch an der Gedächtnisoberfläche und zugriffsnah. Besonders effektiv sind Wiederholungen eines bestimmten Inhalts in unterschiedlichen Kontexten und in unterschiedlicher Vermittlungs- bzw. Aneignungsform, denn hier wird die Verknüpfung mit anderen Inhalten verstärkt, was – wie erwähnt – das Erinnern stark erleichtert. Daher ist ein fächerübergreifender Unterricht, der sich mit einer zentralen Thematik befasst, für die Verankerung im Langzeitgedächtnis außerordentlich nützlich.

Neuere Untersuchungen zeigen, dass im Vergleich zu bloßem nochmaligem Wiederholen des Stoffes durch den Lehrer das aktive Erinnern und Wiederholen des Stoffes durch den Schüler für die Konsolidierung besonders wirksam ist (Karpicke und Roediger, 2008). Statt eines stereotypen Abfragens des Stoffes soll der Schüler sich möglichst intensiv an den Stoff erinnern. Die Forscher vermuten, dass dadurch die spezifischen Inhalte des Langzeitgedächtnisses reorganisiert werden und der Zugriff dadurch erleichtert wird. Es empfiehlt sich, solche Überprüfungen in immer größeren Zeitintervallen durchzuführen, z. B. nach einem Tag, nach vier Wochen, nach vier Monaten. Dies begünstigt die Konsolidierung außerordentlich.

„Methoden-Mix"

Über Jahrhunderte hinweg war die deutsche Schulpraxis – von bemerkenswerten Ausnahmen abgesehen – durch einen lehrerzentrierten Unterricht gekennzeichnet, wie er auch heute noch im Rahmen der konfuzianischen Pädagogik in den asiatischen Ländern üblich ist. Demgegenüber wird heute in Deutschland vehement ein „schülerzentrierter" Unterricht propagiert, der vorrangig oder gar ausschließlich „selbstorganisierte", „selbstregulierte" oder „eigenverantwortliche" Wissensaneignung durch die Lernenden ohne spezifische Anleitung durch den Lehrenden vorsieht. Freilich steht einer solchen Sichtweise die zentrale Aussage der Hattie-Studie entgegen, dass einer der wichtigsten Faktoren für den Lernerfolg die Strukturierung des Unterrichts durch den Lehrenden ist. Auch hochbegabte Schüler bzw. Studierende kommen oft zu falschen Annahmen, wenn sie sich Wissen ohne Anleitung und Rückmeldung anzueignen versuchen. Trotz der Tatsache, dass ein „selbstregulierter", „selbstverantwortlicher" oder „selbstorganisierter" Unterricht als „allein seligmachende" Unterrichtsform von vielen selbsternannten Schulexperten angepriesen wird und man auch in manchen Bundesländern auf diese Karte setzt, gibt es hierfür keinerlei empirische Beweise, aber viele dagegen (für Details vgl. Roth, 2015b).

Diese Situation sollte aber keineswegs als Aufforderung zum rein lehrerzentrierten Unterricht verstanden werden. Vielmehr deuten vorliegende (wenngleich immer noch spärliche) Untersuchungsergebnisse darauf hin, dass eine Mischung von lehrerzentriertem Unterricht, Gruppen- bzw. Tandemarbeit und Einzelarbeit als Form selbstregulierten Lernens besonders günstig ist.

Sowohl die Hattie-Studie als auch vergleichbare Studien neueren Datums unterstreichen die große Bedeutung der „direkten Instruktion", sprich des Lehrervortrags. Dieser ist besonders geeignet, um in neue Wissenszusammenhänge einzuführen, bereits behandelten Stoff zusammenzufassen und die Ziele und den Ablauf des weiteren Unterrichts zu erläutern und damit vorzustrukturieren. Der Lehrervortrag sollte allerdings nicht über 30–40 Minuten hinausgehen und die Inhalte in der bereits geschilderten Weise arbeitsgedächtnisgerecht vermitteln.

Die Arbeit in kleinen Gruppen oder in Tandems dient in der Regel der Vertiefung und praktischen Anwendung dessen, was die Lehrperson in der direkten Instruktion vorgetragen und erläutert hat. Das selbstständige Erarbeiten neuer Inhalte in der Gruppe sollte nur bei guter Überwachung durch die Lehrperson erfolgen, sonst drohen die Gruppenmitglieder schnell, gemeinsam in die Irre zu gehen. Gruppenarbeit ist wichtig, da sie zum einen kommunikative und kooperative Möglichkeiten deutlich stärkt und zum anderen den Mitgliedern die Möglichkeit bietet, sich bei Verständnisschwierigkeiten gegenseitig zu helfen. Die schnelleren Lerner sollten angehalten werden, ihre Fähigkeiten hier gezielt einzusetzen, und in der Regel machen sie dies mit Begeisterung.

Die Einzelarbeit dient der weiteren Vertiefung und ist der geeignete Ort für das Berücksichtigen von Begabungsunterschieden und Lernschwierigkeiten. Hier sollte der Lernende lernen und sich darin üben, wie man am besten Wissen erwirbt und es verfestigt, z. B., wie man einen Aufsatz so liest, dass besonders viel hängen bleibt (nämlich durch ein Überfliegen im ersten Durchgang und ein sorgfältiges Lesen mit Unterstreichungen, Randnotizen und Schlagwörtern im zweiten Durchgang), wie man professionell wiederholt usw. All dies muss aber wiederum sorgfältig von der Lehrperson überwacht werden, bis ein hohes Maß an „selbstreguliertem“ Lernen erreicht ist.

Thema „Ganztagsunterricht“

Die in Deutschland immer noch dominierende Struktur eines Unterrichtstags besteht in einer Abfolge unterschiedlicher Fächer wie Deutsch, Englisch, Mathematik, Geschichte, Musik usw., in der Regel sechs Fächer pro Vormittag, die im 45- (in Österreich 50-) Minutentakt nach der Verfügbarkeit der Lehrenden und deshalb ohne irgendeinen inhaltlichen Zusammenhang nacheinander unterrichtet werden. Eine solche Unterrichtsstruktur mit inhaltlich wahlloser Fächerfolge ist widersinnig und widerspricht allen neueren Erkenntnissen der Lernforschung. Die Hauptdefizite bestehen zum einen darin, dass innerhalb von 45 Minuten, aber auch innerhalb der gelegentlich praktizierten 90 Minuten für die bisher genannten lernfördernden Maßnahmen nicht annähernd genügend Zeit bleibt, d. h., der Lehrende kann weder das Vorwissen der Lernenden hinreichend feststellen noch kann er einen Methoden-Mix anwenden. Zum anderen lässt der willkürliche Wechsel der Fächer keine fächerübergreifende oder zumindest fächerverbindende Wissensvermittlung zu, welche in besonderem Maß vertieftes Wissen über Zusammenhänge liefert.

Im Rahmen eines Ganztagsunterrichts ist es dagegen möglich, ein fächerübergreifendes oder zumindest fächerverbindendes Thema im Zusammenspiel mit den dafür geeigneten unterschiedlichen Fächern zu behandeln. Nur so lässt sich ein „vernetztes Wissen" erreichen, das überall gefordert, aber nur selten professionell gefördert wird.

Wie sieht ein „hirngerechter" Unterricht aus?

Ein „hirngerechter", d. h. dem guten pädagogisch-didaktischen Wissen und den empirischen Evidenzen entsprechender Unterricht besteht grundsätzlich darin, eine bestimmte Thematik in einem größeren sachlichen Kontext und, wo immer möglich, in einer fächerübergreifenden Weise über den ganzen Vormittag und den frühen Nachmittag verteilt zu behandeln. Vorteilhaft ist die zumindest teilweise zeitlich überlappende Präsenz mehrerer, meist zweier Lehrpersonen, was von den Schülern fast immer als sehr positiv angesehen wird und gleichzeitig die Lehrenden entlastet.

Der Unterricht beginnt mit dem Überprüfen des gegenwärtigen Wissensstandes, was – wie geschildert – für die Anschlussfähigkeit eines neuen Stoffes unabdingbar ist. Für die Behandlung eines neuen Stoffes gilt ganz allgemein: „Weniger ist mehr." D. h., der Stoff muss so dargeboten werden, dass er bei den Schülern tatsächlich ankommt. Gefolgt wird der Frontalvortrag von der Gruppenarbeit. Diese sollte entweder als kognitiv-emotionales Kontrastprogramm dienen, d. h., die Schüler beschäftigen sich in der Gruppe oder im Tandem mit anderen Aspekten des Themas, oder es wird kooperativ das Thema vertieft, das der Lehrer „frontal" vorgetragen hat. Wichtig sind hier die kognitive Entlastung und das praktische Tun, die eine hohe gedächtnisstützende Wirkung haben.

Anders sieht dies bei der Projektarbeit aus, bei der sich Lehrer und Schüler auf ein bestimmtes Thema und einen Projektablauf einigen. Hier wird die Eigeninitiative mehr gefordert und gefördert. Allerdings gilt auch hier, dass ein solch kreatives Lernen den Begabteren mehr hilft als den weniger Begabten. Die generellen Langsamlerner und die Schüler mit größeren Wissensdefiziten sollten zwar grundsätzlich im Klassenverband bleiben, bedürfen jedoch – ähnlich wie die ein bis zwei Hochbegabten pro Klasse – einer besonderen Aufbereitung des Unterrichtstoffes und einer besonderen Anforderungshöhe der Leistungen.

Einzelarbeit ist in noch höherem Maße von der Persönlichkeit, dem Lernstil, der Motivation und dem Wissensstand des einzelnen Schülers abhängig und fordert deshalb einen besonderen Aufwand an Vorbereitung und Begleitung durch den Lehrer. Nichtsdestoweniger ist diese Form der Wissensaneignung unerlässlich.

Dieser „Mix" von Unterrichtsformen, wie er auch von vielen Didaktikern empfohlen wird (z. B. Meyer, 2004), ist die beste Form der primären Wissensvermittlung und -aneignung, denn schon allein durch seine Vielseitigkeit befördert er in besonderem Maß den Beginn der Konsolidierung des neuen Wissens. Klar ist, dass der weithin noch übliche 45-Minutentakt des Unterrichts damit nicht vereinbar ist. Er lässt keine Zeit zur notwendigen Kontrolle des Wissensstandes der Schüler und zur individuellen Ansprache und ist unvereinbar mit einem Wechsel zwischen Frontal- und Gruppenunterricht und mit dem Anspruch selbstständigen Lernens.

Die exemplarisch und nicht apodiktisch geschilderte Abfolge von Frontalunterricht, Gruppenarbeit und Einzelarbeit ist nur in einer Ganztagsschule oder zumindest in einer verlängerten Vormittagsschule zu verwirklichen. Am Ende des Unterrichts muss eine etwa halbstündige Zusammenfassung des Tagesstoffes im Zusammenwirken von Lehrenden und Lernenden stehen, am besten in Form des aktiven Erinnerns (s. o.), denn dies befördert stark die nach ca. sechs Stunden einsetzende Konsolidierung des Wissens. Wichtig ist, dass anschließend mit dem Lernen „Schluss" ist, damit sich Gehirn und Psyche entlasten können. Sehr schädlich sind stark negativ emotionalisierende Erlebnisse (wie z. B. das Betrachten eines Horrorvideos), die den Konsolidierungsprozess nachhaltig stören können. Für die Konsolidierung ist auch ein ruhiger Schlaf nötig, denn während des Schlafes werden nach jüngsten Erkenntnissen die neu erworbenen Erlebnis- und Wissensinhalte über den Hippocampus in die Gedächtnisnetzwerke der Großhirnrinde eingeschrieben.

Die Konsolidierung des neuen Wissens ist damit aber keineswegs abgeschlossen, sondern zieht sich über einen Zeitraum von Wochen und Monaten hin. Es empfehlen sich deshalb Wiederholungen des Stoffes in zunehmend längeren Abständen, nach drei bis vier Wochen und drei bis vier Monaten, wiederum in Form des aktiven Erinnerns. Erst dann kann man davon ausgehen, dass der Stoff einigermaßen „sitzt". Es ist klar, dass dieses Vorgehen eine stark veränderte Unterrichtsstruktur erfordert.

B Erfahrungen aus der Schulpraxis

Aufmerksamkeit und Konzentration

Ich lege besonderen Wert darauf, dass die Schüler in bestimmten Phasen des Unterrichts sehr aufmerksam und konzentriert sind. Diese Phasen sind insbesondere der Stundenbeginn, der Einstieg in den Fach- oder Projektunterricht, die Vermittlung neuer Lerninhalte, die Wiederholungen sowie die Einzel-, Partner- und Gruppenarbeit. Zudem versuche ich, durch Rhythmuswechsel während des Unterrichts für anhaltende Aufmerksamkeit zu sorgen.

Stundenbeginn und Begrüßung

Der Unterricht beginnt bei mir grundsätzlich mit einer Begrüßung. Sobald sich eine Atmosphäre der Ruhe und Konzentration eingestellt hat, kann die Interaktion mit den Lernenden beginnen. Dieser Zeitpunkt der Begrüßung ist für den weiteren Verlauf des Unterrichts von großer Bedeutung. Gelingt es mir, genau den richtigen Zeitpunkt für den Einstieg in die Arbeit mit der Lerngruppe zu finden, kann ich mit einer großen Aufmerksamkeit (fast) aller Schüler rechnen. Gelingt mir dies nicht, erhöht sich die Wahrscheinlichkeit, dass der Unterricht unkonzentriert und unruhig abläuft.

Auf Phasen größter Aufmerksamkeit vorbereiten

Die fehlende Aufmerksamkeit der Schüler und entsprechende Störungen verhindern meist den Einstieg in die Unterrichtsthematik zu Beginn einer Unterrichtsstunde oder eines Projekt- oder Thementages. Oft sind die Schüler einfach noch nicht in der Lage, sich auf den Unterrichtsstoff einzulassen. Gründe hierfür sind meist persönliche oder familiäre Probleme, Streitigkeiten mit Mitschülern, Konfliktsituationen schulischer, aber auch außerschulischer Art oder einfach persönliche Interessen.

Wenn ich merke, dass die Bereitschaft zur Mit- und Zusammenarbeit (noch) nicht vorhanden ist, verwende ich, statt direkt in das Thema einzusteigen, einige Zeit darauf – in der Regel nicht mehr als fünf Minuten –, um die Unruhe abzubauen. Dieser Zeitraum reicht zwar meistens nicht aus, um Konflikte oder Probleme zu lösen, genügt aber in der Regel, die Lernenden für den Fachunterricht zu motivieren und ihre Aufmerksamkeit und Konzentration zu fördern.

Aufmerksamkeit und Konzentration sind insbesondere dann erforderlich, wenn ich neue Unterrichtsinhalte einführen möchte oder bereits behandelte Lerninhalte wiederhole. Vor einer solchen Phase hat sich eine kleine Pause, die im Unterrichtsraum verbracht werden und nicht länger als zwei Minuten dauern sollte, sehr bewährt. Längere Pausen und das Verlassen des Unterrichtsraumes bewirken jedoch genau das Gegenteil, nämlich Unruhe und Unkonzentriertsein.

Bei der Einzel-, Partner- und Gruppenarbeit versuche ich stets, für die Lernenden präsent zu sein, um den Wechsel von konzentriertem Arbeiten und kleinen Pausen sicherzustellen und das Abschweifen von den Lernthemen zu verhindern.

Fallbeispiel 1: *Eine „falsche" Sitzordnung verhindert die Aufmerksamkeit in einer 5. Klasse*

Als Klassenlehrer einer neuen 5. Klasse hatte ich das Problem, dass die Schüler mit der Sitzordnung, die ich mit ihnen besprochen und auch teilweise vorgegeben hatte, nicht zurechtkamen. Das äußerte sich zu Beginn jeder Unterrichtsstunde in großer Unruhe und einer latenten Unkonzentriertheit der Schüler. Erst nach ca. acht Monaten, in denen wiederholt über die „richtige" Sitzordnung diskutiert worden war und immer wieder neue Sitzordnungen vereinbart worden waren, kehrte die gewünschte Beruhigung ein und wurde ein „normaler" Fachunterricht möglich.

Fallbeispiel 2: *Eine Unterbrechung bringt die Lernenden einer 9. Klasse aus dem Takt*

Im Anschluss an eine 20-minütige Wiederholungsphase zum Mathematik-Thema „Zentrische Streckung" erlaubte ich den Schülern eine kleine Pause im Klassenraum, bevor ich mit dem Einstieg in das Thema „Strahlensätze" fortfahren wollte. Die Stimmung in der Klasse war ruhig, einige unterhielten sich noch über das besprochene Thema, einige nutzten die Pause auch, um etwas zu trinken und in ihren Sachen herumzukramen.

Ich wollte gerade damit beginnen, die Lernenden zur Ruhe zu bitten, als es an der Tür klopfte und der Jahrgangsleiter mich um ein kurzes Gespräch bat. Da es um eine Schülerin meiner Klasse ging, die nicht erschienen war, führten wir unsere Unterhaltung im Flur vor dem Unterrichtsraum bei geöffneter Tür. Das Gespräch dauerte etwa fünf Minuten, und ich nahm währenddessen schon die immer lauter werdenden Schüler wahr. Einige baten darum, zur Toilette gehen zu dürfen, andere verließen ihren Platz, um zu Mitlernenden zu gehen.

Zurückgekehrt zu meiner Lerngruppe, brauchte ich eine gewisse Zeit, bis wieder die alte Ruhe hergestellt war. In der nächsten halben Stunde hielt ich den Einstiegsvortrag über die Strahlensätze, erkannte aber, dass die Schüler nicht mehr mit der nötigen Konzentration dem Unterricht folgten. Die längere Unterbrechung hatte sie also ganz „aus dem Takt" gebracht.

Begrenzte Aufmerksamkeits- und Aufnahmefähigkeit

Die Möglichkeiten der Schüler, meinen Ausführungen im Unterricht über einen längeren Zeitraum konzentriert und aufmerksam zu folgen, sind zeitlich sehr begrenzt. Für die Vermittlung eines mir vertrauten Lernstoffs plane ich daher etwa die doppelte Zeit ein, die ich benötigen würde, wenn ich die begrenzte Aufmerksamkeits- und Aufnahmefähigkeit der Lernenden nicht berücksichtigen müsste. Nehme ich darauf keine Rücksicht oder unterschätze eventuelle Verständnisschwierigkeiten, laufe ich Gefahr, die Schüler zu überfordern, und schränke damit ihren Lerngewinn ein.

Bewährt haben sich in meinem Unterricht immer wieder kleine Unterbrechungen bei der Vermittlung des Lernstoffs, um den Schülern die Möglichkeit zu geben, sich über das Vermittelte auszutauschen oder auch um gedanklich Atem zu holen.

Fallbeispiel: *„Atem holen" – kurzfristige Vorbereitung auf ein Betriebspraktikum*

Die Schüler einer 9. Klasse sollten drei Wochen vor den Herbstferien auf ein Betriebspraktikum vorbereitet werden. Dazu hatte eine meiner Kolleginnen eine Vorbereitungsstunde pro Woche bekommen. Wie ich kurz vor Beginn des Praktikums erfuhr, hatte sie diese Vorbereitungsstunden jedoch nicht als solche durchgeführt.

Als Fachlehrer und einer der Betreuungslehrer stand ich nun unvermittelt vor der Aufgabe, die Schüler in zwei Unterrichtsstunden auf etwas vorzubereiten, was normalerweise einige Wochen an Vorbereitung in Anspruch nimmt. Hinzu kam, dass die schriftlichen Informationen zum Betriebspraktikum nicht allen zur Verfügung standen.

Ich musste nun also innerhalb von 90 Minuten alle wichtigen und für die Durchführung des Betriebspraktikums notwendigen Information geben und zwar so, dass alle Schüler bestmöglich auf den Start des Praktikums vorbereitet waren.

Zu Beginn der Besprechung schilderte ich die Problematik, „auf die Schnelle" die notwendigen Informationen vermitteln zu müssen. Es gab anschießend eine große Bereitschaft, meinen Ausführungen und Instruktionen konzentriert zu folgen. Ich schlug vor, einen Lehrervortrag zu halten, und forderte die Lernenden auf, mich einfach zu unterbrechen, wenn ich zu schnell sein sollte. Auf Fragen wollte ich im Anschluss eingehen.

Die Zeitspannen, bis die ersten mich unterbrachen, um geistig Atem holen zu können, betrugen jeweils zwischen acht und zwölf Minuten. Schon nach einer kurzen Pause konnte ich dann mit meinen Ausführungen fortfahren. Letztendlich haben wir unser Ziel, die Vorbereitung auf das Praktikum, erreicht. Dass wir den Unterricht um etwa 15 Minuten überzogen haben und ich zwei wichtige Informationen vergessen habe, hat man mir dabei nicht übel genommen.

Mit wiederkehrenden Aufmerksamkeits- und Konzentrationsproblemen umgehen

Bei wiederkehrenden Problemen einzelner Schüler oder Schülergruppen versuche ich, mithilfe der sozial- oder sonderpädagogisch geschulten Kollegen zu klären, was die Ursache für die Unruhe bzw. die Störung des Unterrichts ist, und mit welchen Maßnahmen ich diesen begegnen kann. Ich führe dazu auch Gespräche mit den Lernenden selbst und ihren Eltern.

Fallbeispiel 1: *Paulina (6. Klasse) kann sich nicht konzentrieren*

Paulina kam nach einem Schulwechsel in eine meiner 6. Klassen. Sie war eine eher schüchterne und zurückgezogene Schülerin, die den engeren Kontakt zu den Mitschülern mied. Zu Beginn der Unterrichtsstunden, insbesondere in den frühen und späten Unterrichtsstunden, war sie oft abwesend und unkonzentriert. Wenn ich sie darauf ansprach, reagierte sie verängstigt und verschüchtert oder begann zu weinen.

Die für die Klasse zuständige Sozialpädagogin führte dann mit Paulina und ihrer Mutter Gespräche und erfuhr von den großen finanziellen und beruflichen Belastungen der Eltern und den schwierigen Familienverhältnissen für Paulina.

Im Rahmen einer innerschulischen Maßnahme führte die Sozialpädagogin daraufhin über mehrere Monate individuelle Beratungsgespräche getrennt für Paulina und ihre Eltern durch. Außerdem nahm Paulina an einem außerschulischen Trainingsprogramm zur Stärkung ihres Selbstvertrauens teil. Durch das Hinzuziehen des Sozialamtes (Amt für soziale Dienste) wurde eine für Paulina deutlich verbesserte Familiensituation erreicht. All diese Maßnahmen führten innerhalb eines guten Jahres zu einer Normalisierung ihres Verhaltens im Unterricht. Auch wenn Paulina weiterhin eher scheu und zurückhaltend auftrat, kam sie doch mit den schulischen Anforderungen und Belastungen weitgehend zurecht.

Fallbeispiel 2: *Manfred (9. Klasse) sorgt für große Unruhe*

In der 9. Jahrgangsstufe einer Klasse gab es regelmäßig nach den Pausen Aufmerksamkeits- und Konzentrationsprobleme zu Beginn der Unterrichtsstunden. Die Situation war insofern ungewöhnlich, als die Klassenlehrerin aus den vorangegangenen Unterrichtswochen den Eindruck gewonnen hatte, dass die Schüler nach Aufmerksamkeitsproblemen in der 7. und 8. Jahrgangsstufe wieder zum konzentrierten Arbeiten und Lernen zurückgefunden hatten. Darauf angesprochen, kam von den Schülern nichts, was der Klassenlehrerin ihr Verhalten erklären konnte. Auch die Nachfrage bei Einzelnen ergab keine Klärung. Im Gegenteil, die Unruhe wurde immer größer, je mehr sie nachhakte.

Durch einen Zufall fand eine Kollegin heraus, dass Manfred, ein Schüler der Klasse, in den Pausen Schulinventar immer wieder mutwillig beschädigte. Die anderen Schüler sahen ihm dabei zu, wagten aber nicht, sein Fehlverhalten zu melden, da er sie durch Gewaltandrohung eingeschüchtert hatte.

Darauf angesprochen, bestritt Manfred zwar die Vorwürfe. Aufgrund der Aussagen seiner Mitschüler, die nach dem Bekanntwerden erleichtert über ihre Erlebnisse mit Manfred berichteten, konnte Manfred in mehreren Konferenzen zur Rechenschaft gezogen werden.

„Ruhe" in die Lerngruppe bringen

Um Ruhe in eine Lerngruppe zu bringen, ist es wichtig, Mittel zu wählen, die vertrauensbildend und wertschätzend sind. Grundsätzlich beginne ich mit einer Begrüßung der Lerngruppe und warte dann, bis Ruhe eintritt, mein Blick geht währenddessen durch die Lerngruppe. In der Regel lässt sich Ruhe nur mit Ruhe erzielen. Stellt sich diese nicht ein, bitte ich die Schüler, leise zu sein, und gebe ihnen die nötige Zeit, um zur Ruhe zu kommen. Ich beginne erst dann den Unterricht oder setze ihn erst dann fort, wenn es in der Lerngruppe wirklich still ist und keiner mehr stört, redet oder abgelenkt ist.

Neben der verbalen Ansprache setze ich auch nonverbale Signale ein. So schaue ich gezielt auf noch unruhige Lernende – das zeigt in der Regel Wirkung, ohne dass der Unterricht unterbrochen wird. Eventuell gehe ich zu einzelnen Lernenden, um sie um Ruhe zu bitten, oder stelle mich neben sie und schaue sie direkt an. In seltenen Fällen lege ich ihnen zur Entspannung die Hand auf die Schulter und sage ein paar freundliche Worte. Dazu muss ich den Schüler aber schon länger kennen und wissen, dass diese Art des Kontaktes akzeptiert wird.

In Situationen, in denen dennoch keine Ruhe einkehren will, benutze ich zwei der Lerngruppe vertraute Rituale. Ich zähle laut und deutlich rückwärts von fünf bis eins oder ich schreibe die Namen der Lernenden an die Tafel, die noch unruhig sind.

Schafft es die Lerngruppe, in relativ kurzer Zeit zur Ruhe zu kommen, oder kommen die Schüler meiner Aufforderung, ruhig zu sein, nach, so lobe ich sie dafür. Auch hier dient eine positive Verstärkung einer angenehmen Unterrichtsatmosphäre und einem reibungslosen Unterrichtsverlauf.

Aus meiner über 20-jährigen Erfahrung als Lehrkraft weiß ich, dass Toben oder Schreien zwar zu einer kurzfristigen Beruhigung führen, jedoch eine latente Störung des Unterrichtsklimas bewirkt. Dies trifft auch auf unangemessene Strafen zu. Lautwerden führt ebenso wie übertriebenes Strafen zum Verlust des gegenseitigen Respekts und wirkt sich lernmindernd aus.

Anschlussfähigkeit des Stoffes herstellen

Unter der Anschlussfähigkeit des Stoffes verstehe ich ein Ineinandergreifen von einerseits Wissen aus Unterricht, Alltagserleben und persönlichen Erfahrungen der Lernenden und andererseits den neu zu vermittelnden Unterrichts- und Lerninhalten. Diese Verzahnung ist Voraussetzung für das Verstehen der zu lernenden Inhalte.

Aus meiner Erfahrung als Mathematiklehrer kann ich eine solche Anschlussfähigkeit nur dann herstellen, wenn das neue Wissen für die Schüler bedeutsam ist und/oder in ihren Lebensalltag oder ihre Lebenszusammenhänge eingebettet ist. Ich versuche daher, den Einstieg in ein neues Thema durch einen problemorientierten Ansatz mit Bezügen zur Erfahrungswelt der Lernenden zu entwickeln. Die Vermittlung reinen Faktenwissens ohne Beispiele aus der Lebenswirklichkeit der Lernenden vermeide ich in dieser Phase weitgehend.

Wenn die Lernenden mangelhaftes Vorwissen haben, muss ich mir die Zeit nehmen, diese Wissenslücken zu schließen oder zumindest zu verringern. Im normalen schulischen Alltag mit dem 45-Minuten-Unterrichtstakt ist dies allerdings nur schwer realisierbar. Die Vorgaben durch den Lehr- bzw. Rahmenplan lassen kaum Spielraum für die Wiederholung von bereits vermitteltem Stoff, wodurch die Wissenslücken bestehen bleiben und sich die Möglichkeiten der Anschlussfähigkeit weiter reduzieren.

Vorwissen der Lernenden überprüfen

Um das Vorwissens der Lernenden zu überprüfen, überlege ich mir zunächst, welches Wissen die notwendige Voraussetzung für die Vermittlung neuer Lerninhalte ist. In einem zweiten Schritt überprüfe ich das Vorwissen, indem ich den Schülern Checklisten mit Fragen und/oder Aufgaben an die Hand gebe, mit denen sie ihr Wissen selbst überprüfen können. Ich werte diese Listen aus oder teste in einem etwa ein- bis zweistündigen Unterrichtsgespräch das relevante Wissen. Werden hier Wissenslücken deutlich, biete ich entsprechende Materialien an. Es kann vorkommen, dass ich eine Woche lang ausschließlich mit der Aufarbeitung von Lerndefiziten beschäftigt bin. Dies ist jedoch eine lohnende Investition!

Unterschiedliches Vorwissen, unterschiedliche Vorerfahrungen der Lernenden

Meine Klassen umfassen in der Regel vierundzwanzig Schüler. Das bedeutet, dass ich theoretisch auf vierundzwanzig Lernende mit unterschiedlichem Vorwissen und unterschiedlichen Vorerfahrungen treffen kann. Auch wenn ich davon ausgehen kann, dass ca. zwei Drittel der Schüler sich in Intelligenz und Lernvermögen sehr ähnlich sind, gilt: Je verschiedenartiger die Lerngruppe ist, desto flexibler und differenzierter muss ich vorgehen. Auch wenn es kaum realisierbar ist, für jeden Einzelnen einen Förderplan zu erstellen, unbegrenzt Zeit für ihn zu haben und ihn mit individuellen Arbeitsaufträgen zu versehen, muss es mein Ziel sein, jedem Lernenden das Grundwissen zu vermitteln, auf dessen Basis er die nachfolgenden Lerninhalte bewältigen kann. Besondere Aufmerksamkeit (in Form von Fördermaßnahmen) müssen dabei die Schüler erfahren, die aufgrund von Defiziten über dieses Grundwissen nicht verfügen.

Allgemeine Motiviertheit und Lernbereitschaft der Schüler und Interesse an einem bestimmten Stoff

In meinem Unterricht bemühe ich mich darum, das Interesse am Lernstoff zu wecken, um den Schülern auf diese Weise das Lernen zu erleichtern, ihnen zu helfen, Phasen der Unlust zu überwinden und auch schwierigere und anstrengendere Aufgaben mit Engagement und Geduld anzugehen. Auch wenn nicht immer alle mit Spaß bei der Sache sind, ist es für den Lernerfolg von Bedeutung, durch eine methodisch abwechslungsreiche Unterrichtsgestaltung, eine Auswahl an geeigneten Beispielen und Materialien, die möglichst dem Lebensalltag der Schüler entstammen, sowie durch gezielte individuelle Anreize die Neugier und Motivation der Lernenden zu wecken bzw. zu steigern.

Lob als Belohnung und Motivation

Das Lob als Belohnung ist eine sehr effiziente Art, die Lernenden zu motivieren. Lob sollte jedoch nur dann erfolgen, wenn es verdient ist, etwa durch das Einhalten von Regeln, die Beteiligung am Unterrichtsgespräch, ein kooperatives Verhalten oder das Erbringen von Lernleistungen. Die Art, wie ich lobe, hängt insbesondere von der Persönlichkeit und dem Leistungsstand der Schüler ab. So kann z. B. ein leistungsschwacher Schüler für eine richtige Antwort in besonderer Weise gelobt werden, während ein leistungsstarker Schüler für dieselbe Antwort „nur" eine anerkennende Bestätigung bekommt.

Mein Lob richtet sich an einzelne Lernende, an Gruppen oder an die ganze Klasse. Es erfolgt direkt und orientiert sich in Form und Inhalt zum einen am einzelnen Lernenden („Was motiviert ihn besonders?") und zum anderen am Alter der Lerngruppe.

Materielle Belohnungen setze ich so gut wie nicht ein. Die gesprochene Anerkennung und die Körpersprache in Form von Mimik und Gestik sind die Mittel meiner Wahl.

Lob erfolgt in meinem Unterricht vor allem dann, wenn eine Steigerung oder Verbesserung eingetreten ist und/oder eine Leistung meine Erwartungen übertrifft. Diese Erwartungen erhöhen sich sukzessive und richten sich vermehrt auf das Lernen und das Sozialverhalten. Kennen die Lernenden mich gut, können sie zuverlässig einschätzen, wann sie mit einem Lob rechnen dürfen.

Vertretungslehrkräfte geben zwar immer wieder Rückmeldung über das, was sie im Unterricht gemacht haben, ob alle Lernenden anwesend waren, wer gefehlt hat oder zu spät gekommen ist usw. Selten jedoch geben sie dem Klassenlehrer eine Rückmeldung zum Verhalten seiner Klasse. Erhalte ich eine solche Rückmeldung, dann gebe ich diese in der nächsten Stunde an die Schüler meiner Klasse weiter. Besonders gerne übermittle ich ihnen ein Lob, das ihnen seitens der Vertretungslehrkräfte gegeben wurde.

Fallbeispiel: *Vera (7. Klasse) macht „endlich mal" ihre Hausaufgaben*

Vera war über einen Wechsel in die Parallelklasse in der 7. Jahrgangsstufe in die Klasse eines Kollegen gekommen. Sie hatte zuvor fast nie ihre Hausaufgaben gemacht. Dieses Fehlverhalten zeigte sie dann auch in meinem Unterricht.

Einige Gespräche mit ihr führten dann dazu, dass sie sich endlich ein Ruck gab, die Hausaufgaben – wenngleich nicht vollständig – erledigte und mir vorzeigte. Während ich mir sonst für unvollständig erledigte Hausaufgaben keinen positiven Leistungsvermerk mache, bot sich hier zur Belohnung und Motivation ein solcher Vermerk an.

Gerechte und transparente Leistungsbeurteilung

Bei der Arbeit mit den Lernenden ist es mir wichtig, dass die Schüler in der Lage sind, ihre Lernentwicklung und im Vergleich dazu die ihrer Mitschüler einordnen zu können. Neben dem allgemeinen Stand ihres Wissens und ihrer Fähigkeiten und Fertigkeiten beurteile ich dabei auch ihren individuellen Lernfortschritt. Damit die Lernenden ihren Verständnis- und Lernfortschritt selbst einschätzen können, ist meine gerechte und transparente Leistungsbeurteilung und Leistungsbeschreibung für sie von großer Bedeutung.

Beispiel 1: *Bewertungsschlüssel für Sachstand, Lernfortschritt und sonstige Leistungen im Fach Mathematik*

Zu Beginn jedes Schuljahres erläutere ich im Fach Mathematik meinen Lerngruppen meinen Bewertungsschlüssel. Dieser sieht wie folgt aus: Die Durchschnittsnoten der Klassenarbeiten (100 %-ige Gewichtung) und Kurztests (50 %-ige Gewichtung) gehen mit 50 % (Beschluss der Fachkonferenz der Gesamtschule Bremen-Ost) in die Zeugniszensur ein. Die mündlichen Leistungen – unterteilt zu jeweils gleichen Teilen nach Wissensstand und Lernfortschritt – gehen mit 20 % in die Zeugniszensur ein. Die sonstigen schriftlichen Leistungen wie Hausaufgaben oder Ausarbeitungen in Einzel-, Partner- oder Gruppenarbeitsphasen gehen mit 20 % in die Zeugniszensur ein. Sie orientieren sich ebenfalls zu jeweils gleichen Teilen am Wissenstand und am Lernfortschritt. Alle weiteren Leistungen wie unverlangte Extraarbeiten, Hilfeleistungen bei Gruppen- oder Partnerarbeiten, das Anfertigen und Mitbringen von Gegenständen gehen mit 10 % in die Zeugniszensur ein.

Für Versäumnisse bei den Hausaufgaben, die allerdings nachgearbeitet und bis zur nächsten Stunde nachgereicht werden können, und bei den mitzubringenden Materialien wie Arbeitsbuch, Heft, Mappe, Geodreieck, Zirkel erfolgt im Wiederholungsfall eine Notenreduzierung um 0,05 bzw. 0,1.

Beispiel 2: *Klassenarbeiten in Mathematik*

Die Klassenarbeiten schließen Abschnitte von Lerninhalten ab. Mit Ausnahme einer Transferaufgabe bekommen die Schüler von mir nur solche Aufgaben gestellt, die sie im Unterricht kennengelernt haben und deren Schwierigkeitsgrad ihrer Altersstufe und ihrem Leistungsniveau – wir arbeiten an der Gesamtschule Bremen-Ost bei der Fachleistungsdifferenzierung im Fach Mathematik ab der 7. Jahrgangsstufe auf zwei Niveaus – entsprechen. Die Klassenarbeitsblätter informieren die Schüler über die zu erreichende Punktzahl, den Schwierigkeitsgrad der einzelnen Aufgaben und die für die Arbeit anzuwendende Notenskala. Darüber hinaus können, auch noch während der Arbeit, Verständnisfragen gestellt werden.

Die Notenskala A wird auf Grundlage eines Beschlusses des Fachbereichs Mathematik an der Gesamtschule Bremen-Ost in den Jahrgangsstufen 5 bis 9 angewendet. Die Notenskala B wird unter Berücksichtigung der Bewertungsmaßstäbe für die Abschlussarbeiten in der 10. Jahrgangsstufe für das Fach Mathematik im Lande Bremen verwendet.

Notenskala	A	B
sehr gut (1)	91 %	85 %
gut (2)	80 %	70 %
befriedigend (3)	65 %	55 %
ausreichend (4)	50 %	40 %
mangelhaft (5)	25 %	20 %
ungenügend (6)	0 %	0 %

Tabelle 1: Notenskala für die Klassenarbeiten und Tests im Fach Mathematik an der Gesamtschule Bremen-Ost, 2015. Angegeben sind die zum Erlangen der Note notwendigen Mindest-Prozentsätze der erreichbaren Punktzahlen.

Die Rückgabe der Arbeiten erfolgt bei mir grundsätzlich innerhalb von zwei bis drei Tagen, in Ausnahmefällen spätestens nach dem auf den Testtag folgenden Wochenende.

Beispiel 3: *Bewertungsschema im Fach Mathematik*

Mit dem folgenden Bewertungsschema für das Fach Mathematik an der Gesamtschule Bremen-Ost zeigen meine Kollegen und ich den Lernenden, wie sie neben der Beurteilung der Klassenarbeiten und Tests ihre Leistungen zu den Noten in Beziehung setzen können oder zumindest eine Orientierung erhalten, welche Differenzierungen den vergebenen Noten zugrunde liegen.

Note	Beteiligung am Unterrichtsgespräch	Qualität der Unterrichtsbeiträge	Arbeitsverhalten (alleine und in der Gruppe)
1/sehr gut Leistung entspricht den Anforderungen in besonderem Maße	• konstante und permanente Beteiligung • Schüler bezieht sich auf andere	Schüler • argumentiert fast immer schlüssig und stimmig • zeigt mathematisches Verständnis auch im Zusammenhang mit Beweisführung und Beweisnotwendigkeit • entwickelt eigene Lösungswege und stellt sie dar	Schüler • bearbeitet die Aufgaben immer konzentriert, zielgerichtet, ausdauernd • nutzt selbständig Notizen und Arbeitsunterlagen • übernimmt Verantwortung und behält den Überblick über den Arbeitsprozess

Note	Beteiligung am Unterrichtsgespräch	Qualität der Unterrichtsbeiträge	Arbeitsverhalten (alleine und in der Gruppe)
2/gut Leistung entspricht den Anforderungen voll	• häufige Beteiligung	Schüler • kann aktuell erarbeitete Themengebiete und Strukturen sicher wiedergeben • kann vorgeschlagene Lösungswege umsetzen und manchmal Alternativen finden • kann Transfer leisten • verwendet fachadäquate Darstellungsformen • liefert im Unterricht inhaltlich wertvolle Beiträge • kann sich mit anderen konstruktiv über mathematische Probleme austauschen • kann gezielt Hilfen erfragen und umsetzen • bringt auch neue, brauchbare Ideen bei der Bearbeitung neuer Themen und Probleme ein	Schüler • bearbeitet die Aufgaben im Wesentlichen konzentriert und konstruktiv mit anderen
3/befriedigend Leistung entspricht den Anforderungen	• regelmäßige Beteiligung	Schüler • kann einfache Aufgabenstellungen zu bereits erarbeiteten Themen sicher lösen • kann Lösungswege einfacher Aufgaben weitgehend selbständig beschreiben • kann einfache Zusammenhänge der aktuell behandelten Thematik richtig wiedergeben • kann mit Hilfestellung stimmig argumentieren • bringt seine Grundkenntnisse bei der Bearbeitung neuer Themen und Probleme ein	Schüler • arbeitet überwiegend konzentriert und zielgerichtet • fragt, wenn es notwendig ist • arbeitet kooperativ und folgt bereitwillig anderen

Note	Beteiligung am Unterrichtsgespräch	Qualität der Unterrichtsbeiträge	Arbeitsverhalten (alleine und in der Gruppe)
4/ausreichend Leistung zeigt zwar Mängel auf, entspricht aber im Ganzen den Anforderungen	• gelegentliche Beteiligung	Schüler • kann einfache Wiederholungsfragen häufig richtig beantworten • kann einfache Zusammenhänge der aktuell behandelten Thematik meist richtig wiedergeben • kann geübte Aufgabentypen mit kleinen Hilfestellungen selbständig lösen • hat bei manchen Themen Lücken; diese scheinen in absehbarer Zeit behebbar • zeigt im Unterricht, dass er bei der Bearbeitung neuer Themen und Probleme wesentliche Schritte aufnehmen kann	Schüler • ist nicht immer konzentriert • fragt wenig nach und zeigt wenig Eigeninitiative zum erfolgreichen Bearbeiten der Aufgaben • bringt sich nur wenig ein, stört andere aber nicht
5/mangelhaft Leistung entspricht den Anforderungen nicht, lässt jedoch erkennen, dass die notwendigen Grundkenntnisse vorhanden sind und die Mängel in absehbarer Zeit behoben werden können	• keine Beteiligung, Schüler ist aber aufmerksam	Schüler • gibt häufig falsche Antworten • kann geübte Aufgabentypen oft nur mit Unterstützung lösen • hat auch bei einfacheren mathematischen Sachverhalten oft Verständnisschwierigkeiten	Schüler • arbeitet nur auf Aufforderung • hat wenig Konzentration und Ausdauer bei der Bearbeitung • macht keinen Gebrauch von Hilfen • hält andere durch Gespräche oft von der Arbeit ab • zeigt wenig Kooperationsbereitschaft • trägt kaum etwas zum Gruppenergebnis bei

Note	Beteiligung am Unterrichtsgespräch	Qualität der Unterrichtsbeiträge	Arbeitsverhalten (alleine und in der Gruppe)
6/ungenügend Leistung entspricht den Anforderungen nicht. Grundkenntnisse sind so lückenhaft, dass die Mängel in absehbarer Zeit nicht behoben werden können	• keine Beteiligung, Schüler ist unaufmerksam	Schüler • gibt fast immer falsche, unpassende oder gar keine Antworten • kann geübte Aufgabentypen nicht lösen	Schüler • kann die Aufgaben trotz Unterstützung nicht bearbeiten, da Grundlagen komplett fehlen • zeigt keine Motivation, diesen Defiziten entgegenzuwirken • unterstützt die Gruppe nicht • kann nicht kooperieren • trägt nicht zum Gruppenergebnis bei

Tabelle 2: Bewertungsschema für das Fach Mathematik an der Gesamtschule Bremen-Ost. (verändert nach Marcel Wolters, Gesamtschule Bremen-Ost, 2012)

Ergänzende Hinweise: Die regelmäßige und adäquate Bearbeitung der Hausaufgaben wird vorausgesetzt. Verstöße führen zu Abzügen bei der Bewertung der laufenden Unterrichtsarbeit. Besondere Leistungen (Erstellen einer Musterlösung, Vortrag zu einem Extra-Thema, Erstellen von Aufgaben mit Lösungen zu Klassenarbeitsvorbereitung etc.) können zur Verbesserung der laufenden Unterrichtsarbeit beitragen.

Beispiel 4: *Bewertung von Können, Entwicklung und Lernverhalten im Fach Sport*

Auch im Fach Sport – meinem zweiten Fach – informiere ich die Lernenden zu Beginn jedes Schuljahres darüber, wie ich die Leistungen und die Mitarbeit gewichte.

Die motorischen Leistungen und die sonstigen Leistungen gehen mit je 40 % und die sonstige Mitarbeit mit 20 % in die Zeugniszensur ein. Die motorischen Leistungen (Technik, Kondition, Koordination usw.) wiederum teilen sich in 50 % für die Fähigkeiten und Fertigkeiten und in 50 % für die Lernfortschritte auf.

Auch die sonstigen Leistungen (Anstrengungsbereitschaft, Kooperation, taktisches Verhalten, Regelkenntnisse, Fairness usw.) teilen sich in 50 % für das Verhalten und das Wissen und in 50 % für den Lernzuwachs auf.

Die sonstige Mitarbeit, beispielsweise die Unterstützung beim Auf- und Abbau von Geräten oder Spielfeldern, das Übernehmen von Schiedsrichter- oder Punktrichteraufgaben, die Organisation der Einteilung von Mannschaften oder Teams, gehen mit 20 % in die Zeugniszensur ein.

Wird die Sportkleidung vergessen, so erfolgt im Wiederholungsfall eine Notenreduzierung um 0,05 oder 0,1.

Beispiel 5: *Bewertungsschema im Fach Sport*

Im Fach Sport an der Gesamtschule Bremen-Ost setzen wir ebenfalls ein Bewertungsschema zur Orientierung für die Schüler ein, um die Notenvergabe transparent und nachvollziehbar zu machen (siehe Tabelle 3 auf den folgenden Seiten).

Note	Lernfortschritt und Können		
	Lernfortschritt	**Fähigkeiten**	**Sportartenbezogene Fertigkeiten**
	• individuelle Verbesserung unter Berücksichtigung der körperlichen Voraussetzungen	• koordinatives Vermögen • konditionelles Vermögen	• Vielseitigkeit • Technik • Effizienz • Spielerfolg/Ästhetik
1/ sehr gut	• Schüler hat sich im Laufe einer Unterrichtseinheit sehr verbessert • die erbrachte Leistung ist zumindest dann sehr hoch, wenn man die körperlichen Gegebenheiten berücksichtigt (z. B. kleinere Schüler müssen für eine sehr gute Leistung nicht so hoch springen wie größere)	Schüler • zeigt hervorragende Ausdauer und Kraftfähigkeiten (z. B. beim Ausdauerlauf, bei Fitnessübungen) • besitzt besonders herausragende Koordination (z. B. beim Jonglieren, Werfen eines Frisbee, Fangen eines Rugbyballs)	Schüler • zeigt sehr gute Technik in vielen unterschiedlichen Sportarten • nutzt Fertigkeiten zielgerichtet, um sehr häufig im Spiel sehr gelungene Aktionen auszuführen
2/ gut	• Schüler hat sich im Laufe einer Unterrichtseinheit verbessert • die erbrachte Leistung ist zumindest dann hoch, wenn man die körperlichen Gegebenheiten berücksichtigt	Schüler • zeigt gute Ausdauer und Kraftfähigkeit • besitzt gute Koordination	Schüler • zeigt sehr gute Technik in vielen unterschiedlichen Sportarten • nutzt Fertigkeiten zielgerichtet, um sehr häufig im Spiel sehr gelungene Aktionen auszuführen • zeigt gute Technik in vielen unterschiedlichen Sportarten • nutzt Fertigkeiten zielgerichtet, um häufig im Spiel gelungene Aktionen auszuführen

	Lernverhalten
Wissen	• Lernfähigkeit • Lernbereitschaft • Anstrengungsbereitschaft • Selbstständigkeit • Zuverlässigkeit • Hilfsbereitschaft • Rücksichtnahme • Akzeptanz und Toleranz • Fairness
• Regelkenntnis • Biomechanik	
Schüler • kennt sehr viele Regeln der Sportspiele • führt fast immer themenzentrierte Gespräche • beachtet sehr häufig den Partnerbezug im Unterrichtsgespräch • drückt sich fast immer präzise aus • nutzt Fachausdrücke sehr sicher	Schüler • hat immer angemessene Sportkleidung dabei • passt immer auf, wenn etwas besprochen wird • wendet das Besprochene immer sinnvoll in der nachfolgenden Übung an • strengt sich sehr stark an • übt selbstständig ohne Lehrerkontrolle • räumt jedes Mal Übungsmaterialien auf • hilft immer beim Auf- und Abbauen • nimmt Rücksicht auf schwächere Schüler • akzeptiert auch bessere Schüler • hält immer Regeln ein
Schüler • kennt viele Regeln der Sportspiele • führt meistens themenzentrierte Gespräche • beachtet haufig den Partnerbezug im Unterrichtsgespräch • drückt sich meistens präzise aus • nutzt Fachausdrücke sicher	Schüler • hat fast immer angemessene Sportkleidung dabei • passt fast immer auf, wenn etwas besprochen wird • wendet das Besprochene fast immer sinnvoll in der nachfolgenden Übungen an • strengt sich stark an • übt meistens auch selbstständig ohne Lehrerkontrolle • räumt fast immer Übungsmaterialien auf • hilft fast immer beim Auf- und Abbau • nimmt Rücksicht auf schwächere Schüler • akzeptiert auch bessere Schüler • hält meistens Regeln ein

3/ befriedigend	• Schüler hat sich etwas im Laufe einer Unterrichtseinheit verbessert • die erbrachte Leistung ist zumindest zufriedenstellend, wenn man die körperlichen Gegebenheiten berücksichtigt	Schüler • zeigt zufriedenstellende, durchschnittliche Ausdauer und Kraftfähigkeit • besitzt zufriedenstellende Koordination	Schüler • zeigt zufriedenstellende Technik in unterschiedlichen Sportarten • nutzt Fertigkeiten meistens zielgerichtet, um im Spiel überwiegend gelungene Aktionen auszuführen
4/ ausreichend	• Schüler hat sich kaum im Laufe der Unterrichtseinheit verbessert • die erbrachte Leistung ist zumindest dann ausreichend, wenn man die körperlichen Gegebenheiten berücksichtigt	Schüler • zeigt ausreichende Ausdauer und Kraftfähigkeit • besitzt für die Jahrgangsstufe ausreichende Koordination	Schüler • zeigt noch ausreichende Technik in manchen Sportarten • nutzt die Fertigkeiten häufig zielgerichtet, um im Spiel ab und zu gelungene Aktionen auszuführen
5/ mangelhaft	• Schüler hat sich fast nicht im Laufe der Unterrichtseinheit verbessert • die erbrachte Leistung genügt zumindest dann noch, wenn man die körperlichen Gegebenheiten berücksichtigt	• Schüler zeigt mangelhafte Ausdauer • Schüler besitzt für die Jahrgangsstufe mangelhafte Koordination • Mängel können in absehbarer Zeit behoben werden	Schüler • zeigt nicht mehr ausreichende Technik in den meisten Sportarten • nutzt Fertigkeiten selten zielgerichtet, um im Spiel wenigstens ab und zu gelungene Aktionen auszuführen
6/ ungenügend	• Schüler hat sich nicht im Laufe der Unterrichtseinheit verbessert • selbst wenn man die körperlichen Gegebenheiten berücksichtigt, genügt die Leistung nicht	• Schüler zeigt ungenügendes koordinatives und konditionelles Vermögen	• Schüler kann ungenügende Technik entsprechend selten zielgerichtet einsetzen • es werden sehr wenige gelungene Aktionen ausgeführt

Tabelle 3: Bewertungsschema für das Fach Sport an der Gesamtschule Bremen-Ost.

Schüler • kennt einige Regeln der Sportspiele • führt häufig themenzentrierte Gespräche • beachtet manchmal den Partnerbezug im Unterrichtsgespräch • drückt sich überwiegend präzise aus • nutzt Fachausdrücke ab und zu	Schüler • hat fast immer Sportkleidung dabei • passt meistens auf, wenn etwas besprochen wird • wendet das Besprochene häufig sinnvoll in der nachfolgenden Übung an • strengt sich meistens an • übt auch mal selbstständig ohne Lehrerkontrolle • räumt häufig Übungsmaterialien auf • hilft meistens beim Auf- und Abbau • nimmt Rücksicht auf schwächere Schüler • akzeptiert auch bessere Schüler • hält meistens Regeln ein
Schüler • kennt wenige Regeln der Sportspiele • führt manchmal themenzentrierte Gespräche • beachtet selten den Partnerbezug im Unterrichtsgespräch • drückt sich manchmal präzise aus • nutzt Fachausdrücke selten	Schüler • hat häufig Sportkleidung nicht dabei • passt häufig nicht auf, wenn etwas besprochen wird • wendet das Besprochene gelegentlich sinnvoll in der nachfolgenden Übung an • strengt sich manchmal an • übt kaum ohne Lehrerkontrolle • räumt manchmal Übungsmaterialien auf • hilft manchmal beim Auf- und Abbau • nimmt meistens Rücksicht auf schwächere Schüler • akzeptiert meistens bessere Schüler • hält manchmal Regeln und Absprachen ein
Schüler • kennt sehr wenige Regeln der Sportspiele • führt selten themenzentrierte Gespräche • beachtet sehr selten den Partnerbezug im Unterrichtsgespräch • drückt sich selten präzise aus • nutzt keine Fachausdrücke	Schüler • hat sehr häufig Sportkleidung nicht dabei • passt sehr häufig nicht auf, wenn etwas besprochen wird • wendet das Besprochene selten sinnvoll in nachfolgenden Übungen an • strengt sich selten an • kann kaum selbstständig ohne Kontrolle üben • räumt selten Übungsmaterialien auf • hilft selten beim Auf- und Abbau • nimmt keine Rücksicht auf schwächere Schüler • hält selten Regeln und Absprachen ein
Schüler • hat fast keine Regelkenntnis • führt abschweifende Gespräche oder nimmt an Gesprächen nicht teil	Schüler • zeigt sehr geringe Beteiligung • stört oder ist abwesend • behindert Lernprozesse der Mitschüler • zeigt zum Teil Leistungsverweigerung • hat geringe Sozialkompetenzen • hält Regeln und Absprachen nicht ein

(verändert nach Benedikt Helms und Sebastian Kriese, Gesamtschule Bremen-Ost, 2014)

Bedeutung von Fleiß und Wiederholung

Der Lernerfolg hängt neben Begabung und Intelligenz stark von der Lernbereitschaft und vom Fleiß der Schüler ab. Nur wenn die Lernenden bereit sind, intensiv und konzentriert zu lernen und sich mit Ausdauer und Energie den Lernstoff anzueignen, stellt sich der Lernerfolg ein. Die Bereitschaft, sich wiederholt mit den Unterrichtsthemen auseinanderzusetzen, ist die Grundlage für nachhaltiges Lernen und ein späteres Erinnern. Eine wesentliche Voraussetzung erfolgreichen Lernens ist auch, dass die Lehrenden, insbesondere aber auch die Erziehungsberechtigten den Schülern eine positive Einstellung zum schulischen Lernen vermitteln. Nicht zuletzt entscheidet auch das Selbstbild des Lernenden über seinen Lernerfolg.

Selbstbild der Lernenden

Um das Selbstbild der Lernenden positiv zu beeinflussen und damit ihren Leistungswillen und ihre Fähigkeit, mit Misserfolgen umzugehen, zu fördern, belohne ich neben der Leistung auch den Fleiß und die Lernfortschritte. Schüler, denen das Lernen schwerer fällt, können mit Fleiß und Sorgfalt sehr viel ausgleichen und mit denjenigen mithalten oder sie sogar übertreffen, denen das Lernen leichter fällt oder die begabter sind. Wenn die Lernenden es zudem schaffen, sich optimal zu organisieren, die Lernphasen gut einzuteilen und ihre Leistungen in der Schule ansprechend zu präsentieren, dann stehen ihnen alle Wege offen. Fleiß und Einsatz zahlen sich über einen längeren Zeitraum betrachtet allemal aus.

Um die Lernenden zum fleißigen Lernen zu animieren, bedarf es viel Ausdauer und Frustrationstoleranz vonseiten der Lehrkraft. Aber auch intelligente Schüler, die keine Lust zum Lernen haben und deshalb weit unter ihren Möglichkeiten bleiben, müssen dazu angeregt werden, sich anzustrengen, wenn sie etwas erreichen wollen.

Einstellung der Erziehungsberechtigten zum schulischen Lernen

Die meisten Elterngespräche, die ich während meiner bisherigen Laufbahn als Lehrer geführt habe, basierten auf der Bereitschaft zur Kooperation zwischen Eltern und Schule. Eine solche Kooperation ist für die Schüler von großer Bedeutung, da sie damit zwei Anlaufstellen haben, an die sie sich bei Bedarf wenden können.

Ich erlebe es aber auch immer wieder, dass insbesondere Eltern, deren Kinder im Unterricht eine positive Einstellung zur Schule vermissen lassen, sich verantwortungslos verhalten und ihre Kinder darin bestärken, die Schule und das Lernen nicht ernst zu nehmen. Häufig solidarisieren sie sich mit ihren Kindern, indem sie Verständnis für ihren Lernunwillen zeigen. Sätze wie „Das habe ich damals auch nicht gekonnt und aus mir ist doch etwas geworden." oder „Die Hausaufgaben brauche ich nicht zu kontrollieren. Ich vertraue meinem Kind." spiegeln eine beklagenswerte, bildungsferne Einstellung wider. Diese macht es ausgesprochen schwer, eine gemeinsame Grundlage für die Zusammenarbeit zu schaffen. Eine negative Haltung der Schule gegenüber wird so auf verhängnisvolle Weise von einer Generation zur nächsten weitergegeben.

Bedeutung des Wiederholens

Von meinen Kollegen höre ich immer wieder die Klage, dass die Schüler nach wenigen Wochen und Monaten das Erlernte größtenteils wieder vergessen haben. Lerninhalte gehen tatsächlich oft wieder verloren, wenn sie unter Zeitdruck vermittelt wurden. Lerninhalte, die ich jedoch mit ausreichender Zeit und didaktisch gut vermitteln konnte, bleiben meiner Erfahrung nach auch nach Monaten im Gedächtnis verankert. Durch gezieltes Wiederholen in regelmäßigen Abständen kann ich bei den Lernenden eine Reaktivierung zumindest wesentlicher Teile dieser Lerninhalte erzielen. Selbst einfache Formen des Wiederholens führen in der Regel zu einer Sicherung des Gelernten.

Die Wiederholungen verankern nicht nur Gelerntes nachhaltig und abrufbar im Gedächtnis, sie geben schwächeren Schülern auch die Möglichkeit, Versäumtes nachzuholen oder Unverstandenes zu verstehen. Ich bin immer wieder überrascht, wie motiviert auch schwächere Schüler sind, wenn sie über diesen Weg zu Erfolgserlebnissen im Unterricht gelangen.

Ausgesprochen effektiv sind Wiederholungen, bei denen die Schüler den Unterrichtsstoff aktiv erinnern müssen. Das geschieht in meinem Unterricht dadurch, dass ich die Lernenden die vermittelten Lerninhalte häppchenweise, also nicht im Ganzen, in Zusammenhängen oder anhand von Beispielen wiedergeben lasse. Diese Vorgehensweise löst bei einigen unmittelbar ein umfangreiches Erinnern aus, während bei anderen nach und nach die Fakten und Zusammenhänge wieder ins Bewusstsein kommen. Dabei unterstütze ich die Lernenden, die sich anfänglich schlecht erinnern können, indem ich ihnen für das Beantworten meiner Fragen ausreichend Zeit und kleinere Hinweise oder Tipps gebe, während ich solche mit einem guten Erinnerungsvermögen nicht alles gleich erzählen lasse, sondern „bremse". Wo dies möglich ist, erfrage ich zudem Querbezüge zu anderen bereits vermittelten Lerninhalten oder gebe den Schülern die Möglichkeit, die gelernten Inhalte in neuen Sachzusammenhängen zu erklären oder zu beschreiben. Zum Abschluss einer Wiederholung durch aktives Erinnern lasse ich besonderes die Lernbegabteren den gesamten Lerninhalt noch einmal strukturiert wiedergeben.

In Gesprächen mit den Lernenden und ihren Eltern weise ich regelmäßig darauf hin, dass das Wiederholen im Unterricht die Schüler nicht der Verantwortung entbindet, durch eigenes Bemühen den Lernerfolg zu verbessern.

Beispiel: *Das Wiederholen und der Faktor Zeit helfen beim Verstehen eines Themas*

Entsprechend dem Rahmenplan hatte ich im Mathematikunterricht zum Ende der 8. Jahrgangsstufe über sechs Unterrichtswochen das Thema „Lineare Funktionen" behandelt. Zusammenfassend betrachtet konnte nur bei einem Teil der Lernenden ein befriedigendes Verständnis für das Thema entwickelt werden. Sieben der 23 Schüler hatten auch nach der Unterrichtseinheit große Schwierigkeiten, die funktionalen Zusammenhänge zu verstehen.

Zur Mitte des 9. Jahrgangs konnte ich eine Wiederholung zu diesem Thema über eine Unterrichtswoche durchführen. Anlass war die anstehende Behandlung des Themas „Lineare Gleichungssysteme". Die meisten Schüler hatten die Lerninhalte dieses Themas nach wie vor parat oder waren zumindest in der Lage, sich im Laufe der Wiederholung daran zu erinnern. Diejenigen, die in der 8. Klasse große Verständnisprobleme hatten, konnten sich zwar durchaus noch erinnern, hatten aber auch weiterhin Schwierigkeiten, die Zusammenhänge zu verstehen. Es fiel ihnen aber leichter als in der 8. Klasse, Aufgaben auf einem niedrigen Anspruchsniveau zu bewältigen.

Im Rahmen einer Wiederholung der „Linearen Funktionen" zu Beginn des 10. Schuljahres als Vorbereitung auf das darauf aufbauende Thema „Quadratische Funktionen" stellte ich dann fest, dass mit Ausnahme von zwei Schülern alle ohne größere Probleme und innerhalb von nur vier Unterrichtsstunden das Thema in großen Teilen beherrschten. Nach dem Eindruck aus der 9. Klassenstufe war dieses Ergebnis überraschend, zumal ich in der Zwischenzeit fast keine zusätzlichen Anknüpfungspunkte in den Unterricht eingebracht hatte. Diese Beobachtungen verdeutlichen, dass unser Langzeitgedächtnis den Stoff „latent" weiterverarbeitet, auch wenn wir ihn nicht bewusst bearbeiten.

„Hirngerechter" Unterricht – reformierter Unterricht in der Praxis

Seit dem Schuljahr 2012/2013 führen wir an der Gesamtschule Bremen-Ost einen reformierten Schulunterricht mit neuen Unterrichtsstrukturen auf der Grundlage der in diesem Buch dargestellten Erkenntnisse der Hirnforschung durch.

Um den Lernerfolg unter Berücksichtigung der wissenschaftlichen Erkenntnisse über einen „hirngerechten" Unterricht zu optimieren, bilden zum Projektbeginn je teilnehmende Klasse zwei Lehrkräfte ein Team. Die Teams verständigen sich untereinander hinsichtlich der Lernziele und treffen Absprachen zum Unterricht am Projekttag. Unter Berücksichtigung der schulbehördlichen Vorgaben und der kritischen Überprüfung des Unterrichtsstoffes nach dem Motto „Weniger ist mehr." werden an einem solchen „Projekttag" ein oder zwei Themen aus dem Bildungs-, Rahmen- bzw. Lehrplan in möglichst fächerübergreifender Form behandelt.

Die beteiligten Kollegen bilden sich systematisch in psychologischer und kognitionswissenschaftlicher Hinsicht weiter. Dazu nehmen sie an Fortbildungen des Erstautors zu den Themenbereichen der wissenschaftlichen Grundlagen dieses Buches teil. Sie erstellen eine Materialsammlung für die nachfolgenden Jahrgänge und treffen sich zu regelmäßigen Teambesprechungen mit der Projektleitung, bestehend aus den Autoren dieses Buches und Frau Karin Peterburs, Leiterin der Mittelstufe und des Zentrums für unterstützende Pädagogik an der Gesamtschule Bremen-Ost.

Abschied vom 45-Minutentakt

Als enorme Erleichterung wird sowohl von den Schülern als auch von den Kollegen der Wegfall des Zeitdrucks empfunden, der durch den 45- oder 90-Minutentakt und die Notwendigkeit, nach jeder Unterrichtsstunde den Raum und das Fach wechseln zu müssen, entsteht.

Fächerübergreifende oder alternative Unterrichtsformen

Nicht immer ist es uns möglich, einen fächerübergreifenden Unterricht im eigentlichen Sinne im Schulalltag zu realisieren. Gründe dafür sind die üblichen Organisationsstrukturen mit dem 45-Minutentakt der nicht am Projekt beteiligten Klassen, die geringe Anzahl an Themen aus den beteiligten Fächern, die für ein übergeordnetes Thema infrage kommen, und die nicht immer vorhandene Möglichkeit, Fächer für einen übergreifenden Unterricht zusammenzulegen. Des Weiteren spielen im Hinblick auf die Verwirklichung fächerübergreifenden Unterrichts der hohe Arbeitsaufwand und die zeitliche Mehrbelastung eine Rolle sowie das mangelnde Interesse eines Teils der Kollegen, trotz mitunter vorhandener Rahmenbedingungen gemeinsam einen solchen Unterricht abzusprechen, zu planen, zu koordinieren und durchzuführen.

Beispiel 1: *Fächerübergreifender Unterricht*

Wo dies möglich ist, wird im Rahmen des Projekts ein fächerübergreifender Unterricht realisiert. Lerninhalte aus zwei oder mehr Unterrichtsfächern werden an den Projekttagen gleichberechtigt innerhalb eines übergeordneten Themas vermittelt.

Fächerübergreifendes Thema: Die Römer

Jahrgangsstufe: 5

Dauer: 1–3 Projekttage

Beteiligte Fächer	**Themen der Fächer**
Welt/Umwelt	Leben und Kultur
Mathematik	Römische Zahlzeichen
Deutsch	Lateinische Begriffe in der deutschen Sprache

Fächerübergreifendes Thema: Demokratie	
Jahrgangsstufe: 9 oder 10	
Dauer: 2–4 Projekttage	
Beteiligte Fächer	**Themen der Fächer**
Gesellschaft/Politik	Bundestags-/Landtags-/Kommunalwahlen
Deutsch	Wahlprogramme der Parteien
Mathematik	Angewandte Prozentrechnung
1. Fremdsprache	Wahlen in anderen Ländern

Beispiel 2: *Fächerverbindender Unterricht*

Ist ein fächerübergreifender Ansatz nicht möglich, so versuchen wir, einen fächerverbindenden Unterricht umzusetzen. Ein fachspezifischer Lerninhalt wird hierbei durch Inhalte aus weiteren Fächern ergänzt.

Fachspezifisches Thema: Spiralen (Fach Mathematik)	
Jahrgangsstufe: 6	
Dauer: 2–3 Projekttage	
Weitere beteiligte Fächer	**Lerninhalte**
Naturwissenschaften	Naturphänomene (Schnecken, Sonnenblumen, Galaxien)
Kunst	Ornamentmotive
Deutsch	Wortgebrauch (z.B. „Spirale der Gewalt") und deren Bedeutung
Arbeitslehre	Flechtbänder

Fachspezifisches Thema: Fitness und Gesundheit (Fach Sport)	
Jahrgangsstufe: 9 oder 10	
Dauer: 2–5 Projekttage	
Weitere beteiligte Fächer	**Lerninhalte**
Naturwissenschaften	Ernährung und Stoffwechsel
Gesellschaft/Politik	Veränderungen in den Lebensgewohnheiten
Musik	Musikunterstützte Fitnessprogramme

Beispiel 3: *Unterricht orientiert an Lebensalltag und -wirklichkeit*

Sind ein fächerübergreifender oder ein fächerverbindender Ansatz nicht möglich, so streben wir einen fachspezifischen Unterricht mit einem möglichst hohen Realitätsbezug an. Beispielhaft dafür werden im Folgenden Varianten aufgeführt:

I Unterricht, der sich an dem Lebensalltag der Schüler orientiert

Thema: Umgang mit Größen – Haustiere (Fach Mathematik)	
Jahrgangsstufe: 5	
Dauer: 1–3 Projekttage	
Aspekte des Themas	**Lerninhalte**
Anschaffung/Haltung	Geld und Preise
Ernährung	Mengen und Gewichte
Lebenserwartung	Alter und Zeiten
Auslauf/Bewegung	Weiten und Längen
Nachkommen	Schätzen und Überschlagen

II Unterricht mit vornehmlich praktischen Beispielen

Thema: Flächen und Körper – Wie wohnen wir? (Fach Mathematik)

Jahrgangsstufe: 6 oder 7

Dauer: 2–3 Projekttage

Aspekte des Themas	**Lerninhalte**
Wohnungen/Grundriss	Maßstab – Vergrößerung/Verkleinerung
Zimmer/Räume	Wohnflächen – Flächen und Flächeneinheiten
Bodenbeläge/Leisten	Flächeninhalte und Umfänge
Umzug/Kisten	Körper – Räume und Raumeinheiten
Platzbedarf	Rauminhalte
Einrichtung	Oberflächen

III Unterricht mit historischem und biografischem Bezug

Thema: Hochsprung – Von der Frontalhocke bis zum Fosbury-Flop (Fach Sport)

Jahrgangsstufe: 7 oder 8

Dauer: 2–3 Projekttage

Aspekte des Themas	**Lerninhalte**
Geschichte	Antike – Kelten – Neuzeit
Technik	Frontalhocke, Schersprung, Rollsprung, Fosbury-Flop
Regeln	Einbeiniger Absprung
Sportler	Ulrike Meyfarth/Javier Sotomayor
Rekorde	Weltrekorde und Olympische Rekorde

Neue Tagesstruktur

Der reformierte Unterricht der am Projekt beteiligten Klassen der Gesamtschule Bremen-Ost wird nach über zwei Jahren der Erprobung in den unten aufgeführten drei Tagesstrukturen mit insgesamt sieben Varianten durchgeführt. Allen Varianten der neuen Tagesstruktur liegen die nachfolgend beschriebenen Abschnitte Vorbereitung, Zielsetzung, Anknüpfung und aktives Erinnern, Einführung bzw. Fortsetzung, Vertiefung und praktische Anwendung, differenzierte Vertiefung, Abschluss, Ausblick, Wiederholung I und Wiederholung II zugrunde.

Vorbereitung: Unter Anleitung der Klassenlehrkraft oder einer der Lerngruppe zugeteilten sozialpädagogischen Lehrkraft beginnt der Projekttag bei Bedarf mit einem Gespräch über Probleme in der Schule, der Klasse oder der Familie. Das Gesprächsangebot vermittelt den Schülern die Gewissheit, mit ihren Fragen und Sorgen wahr- und ernstgenommen zu werden. Darüber hinaus können die Pädagogen „Problemfälle" rechtzeitig erkennen und zu lösen versuchen.

Zielsetzung: Zu Beginn des themenbezogenen Unterrichts werden die Tagesthematik, der Tagesablauf und die Lernziele des Tages formuliert und erläutert.

Anknüpfung und aktives Erinnern: Der Unterricht beginnt mit der sorgfältigen Überprüfung des Wissens, das die Lernenden in den vorhergehenden Stunden gewonnen haben, und gegebenenfalls einer Wiederholung von Lerninhalten. Beim Überprüfen des aktuellen Wissensstandes der Lernenden ist es wichtig, nicht nur abzufragen: „Habt ihr das verstanden?", sondern gezielte Fragen zu stellen.

Einführung bzw. Fortsetzung: Der Lehrende führt entweder den Stoff des Tages ein oder setzt das Thema des vorangegangenen Projekttags fort. Dies erfolgt als direkte Instruktion und sollte ohne größere Schülerbeteiligung in der Regel nicht länger als 30 bis 40 Minuten dauern. Sofern die Schüler gleich Fragen stellen, darf dies maximal eine Stunde dauern. Der vorgetragene Lernstoff sollte in drei- bis fünfminütige „Spannungsbögen" gegliedert werden, um Konzentration und Arbeitsgedächtnis der Lernenden nicht zu überlasten. Beispiele zur Veranschaulichung und Rückfragen vonseiten der Lernenden sind zwischen den „Spannungsbögen" sehr wichtig.

Vertiefung und praktische Anwendung: Nach der Ausgabe des Materials und der Besprechung der Aufgaben und Arbeitsaufträge beginnt die Partnerarbeit bzw. Gruppenarbeit mit jeweils maximal vier Lernenden. Der Lehrende geht von Tisch zu Tisch und gibt bei Bedarf Hilfestellung. Ziel dieser Gruppenarbeitsphase ist es nicht, neues Wissen eigenständig zu erarbeiten, sondern das soeben vermittelte Wissen anzuwenden und zu vertiefen. Dabei sollten auch praktisches Tun und manuelle Tätigkeiten eingeplant werden. Die Lehrkraft achtet darauf, dass die für die Gruppenarbeit notwendige Ruhe gegeben ist und alle Gruppenmitglieder mitarbeiten.

Differenzierte Vertiefung: Das Vertiefen findet in Einzelarbeit mit differenzierten Aufgaben für Normal-, Hoch- und Minderbegabte bzw. Lernende mit Lernschwierigkeiten oder sonstigen Behinderungen statt. Diese Einzelarbeit wird nur unterbrochen von „aktiven Bewegungspausen“ aus dem Fach Sport oder „kreativen Bewegungspausen“ aus den Fächern Kunst, Musik und Darstellendes Spiel. Die Einzelarbeit dient vornehmlich der individuellen Aneignung des vermittelten Lernstoffs. Praktisches Tun und aktive Bewegungspausen sind wichtig für die Arbeit des Zwischengedächtnisses und damit für den Prozess der Konsolidierung und Überführung der Lerninhalte ins Langzeitgedächtnis. Die (Hoch-)Begabten sollten Zusatzaufgaben erhalten oder die Aufgabe erhalte, die Arbeitsgruppen als Helfer zu unterstützen. Bevor sie die Helferrolle übernehmen, sollten sie instruiert werden, wie sie schwächeren Lernern helfen können (beispielsweise Aufgabenstellungen und Lösungswege erklären). Die Lernenden mit Minderbegabung oder Lernschwierigkeiten sollten in jedem Fall ein geringeres Lernpensum und damit mehr Zeit erhalten, da ihr Hauptdefizit meist in einer stark verlangsamten Lerngeschwindigkeit besteht.

Abschluss: Mit einer knappen Wiederholung des Tagesstoffes in Form des „aktiven Erinnerns“ von Fragen, Antworten oder Beispielen endet der themenbezogene Unterrichtstag. Nach Abschluss der o. g. Unterrichtsphasen hat eine erste Konsolidierung des neuen Wissens stattgefunden und es beginnt die Überführung ins Langzeitgedächtnis.

Ausblick: Die Schüler erhalten eine Themenvorschau auf den nächsten Projekttag. Auf diese Weise wird das zuvor Gelernte eingebettet, die weitere Beschäftigung mit der Tagesthematik eingefordert und gegebenenfalls Vorfreude geweckt.

Wiederholung I und II: Nach vier bis sechs Wochen und vier bis sechs Monaten finden Wiederholungen des Stoffes in abgewandelter und verkürzter Form statt. Dabei werden Verständnis- und Wissenslücken gefüllt. Nichts wird mit einem Mal gelernt! Neben Begabung, Motivation und Fleiß ist die Wiederholung des Stoffes das A und O des Lernerfolges.

Im Rahmen der neuen Tagesstruktur hatten wir versucht, feste Pausenzeiten für alle Lerngruppen einzubauen. Da die Belastungsunterschiede in den verschiedenen Klassen in der Regel jedoch groß sind, haben wir uns für eine variable und klassenabhängige Pauseneinteilung entschieden, die ein Gleichgewicht von Be- und Entlastung am Projekttag gewährt.

Beispiel 1: *Neue Tagesstruktur Variante I*

An einem Ganztagsschultag von acht Zeitstunden vermitteln zwei Team-Fachlehrende einen Lerninhalt bzw. eine Thematik in fächerübergreifender Weise. In den Untervarianten B und C des Einsatzes ist jede „Übergabe" von Team-Fachlehrer zu Team-Fachlehrer zwingend notwendig.

<table>
<tr><th rowspan="3">Dauer (Min.)</th><th rowspan="3">Phase</th><th colspan="3">Einsatz</th></tr>
<tr><th colspan="3">Untervarianten</th></tr>
<tr><th>A</th><th>B</th><th>C</th></tr>
<tr><td>15–45</td><td>Vorbereitung</td><td>K od. S</td><td>K od. S</td><td>K od. S</td></tr>
<tr><td>ca. 5</td><td>Zielsetzung</td><td rowspan="9">T1 u. T2</td><td rowspan="4">T1</td><td>T1</td></tr>
<tr><td>ca. 30</td><td>Anknüpfung und aktives Erinnern</td><td rowspan="3">T1 u. T2</td></tr>
<tr><td>ca. 30</td><td>Einführung oder Fortsetzung</td></tr>
<tr><td>90–120</td><td>Vertiefung und praktische Anwendung</td></tr>
<tr><td>60–90</td><td>Differenzierte Vertiefung</td><td>T2</td><td rowspan="3">T2</td></tr>
<tr><td>ca. 30</td><td>Abschluss</td><td rowspan="4">T1 u. T2</td></tr>
<tr><td>ca. 5</td><td>Ausblick</td></tr>
<tr><td>ca. 30</td><td>Wiederholung I</td><td rowspan="2">T1 od. T2</td></tr>
<tr><td>ca. 30</td><td>Wiederholung II</td></tr>
</table>

Tabelle 4: Neue Tagesstruktur Variante I; K = Klassenlehrer; S = Sozialpädagoge; T1, T2 = Team-Fachlehrer.

Beispiel 2: *Neue Tagesstruktur Variante II*

An einem Ganztagsschultag von acht Zeitstunden vermitteln zwei Team-Fachlehrende zwei Lerninhalte bzw. Thematiken nacheinander zu einem fächerübergreifenden Thema. Eine „Übergabe" von Team-Fachlehrer zu Team-Fachlehrer ist zwingend notwendig.

Dauer (Min.)	Phase	Einsatz
15–45	Vorbereitung	K od. S
ca. 5	Beginn des 1. Themas mit Zielsetzung	T1
ca. 15	Anknüpfung und aktives Erinnern	
15–30	Einführung oder Fortsetzung	
60–90	Vertiefung, praktische Anwendung und Differenzierung	
ca. 15	Abschluss	
ca. 45	Mittagspause	
ca. 5	Beginn des 2. Themas mit Zielsetzung	T2
ca. 15	Anknüpfung oder aktives Erinnern	
15–30	Einführung oder Fortsetzung	
60–90	Vertiefung, praktische Anwendung und Differenzierung	
ca. 15	Abschluss beider Themen	
ca. 5	Ausblick	
ca. 30	Wiederholung I	T1 u. T2
ca. 30	Wiederholung II	

Tabelle 5: Neue Tagesstruktur Variante II; K = Klassenlehrer; S = Sozialpädagoge; T1, T2 = Team-Fachlehrer.

Beispiel 3: *Neue Tagesstruktur Variante III*

An einem Halbtagsschultag von fünf Zeitstunden vermitteln ein oder zwei Team-/Fachlehrende einen Lerninhalt bzw. eine Thematik in fächerübergreifender Weise.

Dauer (Min.)	Phase	Einsatz		
		Untervarianten		
		A	B	C
15–45	Vorbereitung	K od. S	K od. S	K od. S
ca. 5	Zielsetzung	T1 u. T2	T1	T1
ca. 30	Anknüpfung und aktives Erinnern			
ca. 30	Einführung oder Fortsetzung			
60–90	Vertiefung, praktische Anwendung und Differenzierung		T1 od. T2	
ca. 30	Abschluss			
ca. 5	Ausblick			
ca. 30	Wiederholung I			
ca. 30	Wiederholung II			

Tabelle 6: Neue Tagesstruktur Variante III; K = Klassenlehrer; S = Sozialpädagoge; T1, T2 = Team-Fachlehrer.

Effekte der neuen Tagesstruktur

Von den Projektbeteiligten wird die neue Tagesstruktur in den folgenden Punkten als positiv angesehen:

(1) Der Tageseinstieg mit einer Phase der Vorbereitung wirkt beruhigend und aufmerksamkeitsfördernd im Hinblick auf den nachfolgenden Unterricht.

Durch den ritualisierten Tagesbeginn mit einer Besprechung im Stuhlkreis, geleitet von einem Sozialpädagogen oder vom Klassenrat, können noch vor Beginn der Behandlung der Tagesthematik lernmindernde Effekte vermieden oder zumindest reduziert werden.

(2) Die für eine Tagesthematik zur Verfügung stehende zusammenhängende Unterrichtszeit ermöglicht Lernenden wie Lehrenden ein entspanntes Arbeiten. Die Schüler arbeiten konzentrierter und ausdauernder und genießen es, nicht ständig zwischen den Unterrichtsthemen wechseln zu müssen. Die Pausen nach Bedarf empfinden sie als angenehmer als zeitlich festgelegte Pausen. Einige Schüler finden es ausgesprochen „cool", zu Zeiten Pause zu haben, in denen andere im Unterricht sind. Die Lehrer wiederum genießen es, sich auf eine Thematik konzentrieren zu können und nicht ständig den Unterrichtsraum wechseln zu müssen.

(3) Fach- und Sachprobleme, die im Unterricht auftreten, können direkt gelöst werden. Da deutlich mehr Zeit zur Verfügung steht, ist es einfacher, Unvorhergesehenem oder Widrigkeiten zu begegnen: So stellen beispielsweise ein fehlendes Arbeitsblatt, eine unerwartete Fachraumbelegung, eine längere Einführung in die Unterrichtsthematik oder eine nicht geplante Diskussion kein größeres Problem mehr dar.

(4) Die Lernenden können ohne Unterbrechungen durch vorgegebene Pausen oder durch einen Fachwechsel über längere Zeit an einem Thema arbeiten und schätzen dieses Mehr an Zeit, da sie ihre Aufgaben und Arbeitsaufträge ohne Druck bearbeiten können.

(5) Die Lernenden haben mehr Zeit zur Verfügung, in der Gemeinschaft zu lernen und sich beim Lernen gegenseitig zu helfen. In den auf 45 oder 90 Minuten begrenzten Unterrichtsstunden gibt es in der Regel nur wenige, meist kurze Gruppenarbeitsphasen, zum Teil wird ganz auf sie verzichtet.

(6) Die Lehrer können die Lernprozesse über einen längeren Zeitraum beobachten und sind damit in der Lage, die Lernfortschritte und Leistungen der Schüler besser zu beurteilen. Sie haben die Möglichkeit, Veränderungen in der Tagesstruktur vorzunehmen, wenn sie den Eindruck haben, dass damit bessere Lernergebnisse erzielt werden können.

(7) Durch das „aktive Erinnern", die Wiederholung der Lerninhalte zum Ende des Tages, wird mehr Wissen im Gedächtnis verankert als im regulären Unter-

richt. Präsentieren die Lernenden einer anderen Lerngruppe das neu Erlernte, so ist ein genaueres und umfangreicheres Erinnern zu beobachten.

(8) Die Wiederholungsphase ermöglicht darüber hinaus eine Rückmeldung von Lehrer zu Schüler, Schüler zu Lehrer und auch von Schüler zu Schüler.

Die neue Tagesstruktur bringt allerdings auch Probleme mit sich, an deren Lösung wir arbeiten:

(1) Die Einarbeitung in die neue Tagesstruktur stellt einen nicht unerheblichen Aufwand dar: Das Zusammenstellen fächerübergreifender Unterrichtsthemen und die notwendige Kooperation der Kollegen eines Teams benötigen deutlich mehr Zeit als die Unterrichtsvorbereitung im Rahmen des regulären Unterrichtsablaufs. Um diese Mehrarbeit auszugleichen, erhalten an unserer Schule die Lehrer im ersten Jahr ihrer Arbeit mit der neuen Struktur eine Entlastungsstunde.

(2) Für den fächerübergreifenden Unterricht eignen sich manche Fächer bzw. Fächerkombinationen besser als andere. So gibt es beispielsweise für die Fächer Deutsch und Gesellschaft/Politik viele Themenbereiche, die sich miteinander kombinieren lassen. Das gilt mit Einschränkungen ebenso für die Fächer Gesellschaft/Politik, Mathematik und Naturwissenschaft sowie Deutsch und Englisch/Fremdsprachen. Dagegen lassen sich nicht so viele gemeinsame Themen aus den Fächern Kunst, Musik und Arbeitslehre entwickeln. Diese Fächer bieten aber die Möglichkeit, in Sachzusammenhängen einzelne Themenschwerpunkte anderer Fächer zu verdeutlichen, oder wie im Fach Sport in Übergangsphasen der Tagesstruktur sogenannte aktive Pausen einzuschieben.

(3) Nicht immer ist es möglich, dass Kollegen aus einem Team gemeinsam in den Unterricht gehen. Das führt gerade bei einem fächerübergreifenden Unterricht dazu, dass Lehrkräfte Lerninhalte aus Fächern vermitteln müssen, die sie nicht studiert haben. Mit dem fachfremden Unterrichten kommen nicht alle Lehrkräfte gleichermaßen zurecht, einige beschränken sich daher auf einen fächerverbindenden Unterricht.

(4) Für Schüler, die etwa aus Krankheitsgründen einen ganzen Unterrichtstag mit der neuen Tagesstruktur versäumt haben, ist das Nachholen an einem regulären Unterrichtstag kaum zu schaffen. Dieses Problem dürfte sich aber bei einer Erhöhung der Unterrichtstage pro Woche mit der neuen Tagesstruktur erledigen.

Vorschläge zur Umsetzung der neuen Tagesstruktur

Meiner Erfahrung nach muss für die Umstellung auf die neue Tagesstruktur ein Vorlauf von ca. einem Jahr eingeplant werden.

Ein Jahr vor dem Start sollten dem Kollegium Idee und Konzept des Reformmodells erläutert werden. Da es bei Planung und Umsetzung des Reformprojekts immer wieder zu Meinungsverschiedenheiten, was die Bereitschaft zur Mehrarbeit oder fachbezogene Ansichten angeht, kommen kann, ist eine freiwillige Teilnahme am Projekt sinnvoll.

Die Verantwortung für das Projekt sollte von einer Steuergruppe von mindestens vier und höchstens sechs Personen, bestehend aus Vertretern der Schulleitung, dem Kollegium und der Stundenplanung, übernommen werden. Die Steuergruppe hat die Verantwortung für die zeitliche und inhaltliche Organisation des Reformprojekts in kleinen Schritten. Sie muss ermitteln, mit welchen Lerngruppen oder in welchen Jahrgängen mit dem reformierten Unterricht begonnen werden soll, wobei sich der Beginn mit allen Klassen aus nur einem Jahrgang bei uns sehr bewährt hat. Die Steuergruppe unterstützt die Kollegen bei der Bildung von Lehrer-Teams und hilft bei der Erstellung von Lehrer-Stundenplänen für die Projekttage. Günstig ist es, eine Regelung zu treffen, bei der die beteiligten Kollegen an den Projekttagen nur im reformierten Unterricht eingesetzt sind. Dies erleichtert den Lehrenden die Durchführung sehr und bringt durch das gemeinsame Unterrichten der Teamlehrkräfte große Vorteile für das Lernklima in den Lerngruppen. Die Steuergruppe kümmert sich außerdem um eine Stundenentlastung und organisiert die Fortbildung der beteiligten Lehrkräfte.

Spätestens ein halbes Jahr vor dem Start sollten die Lehrer-Teams gebildet sein und mit ihren Vorbereitungen beginnen. Sie sollten Ziele, Ablauf und Inhalt ihres gemeinsamen Unterrichts planen, Konzepte für einen fächerübergreifenden Unterricht, unter Berücksichtigung der Persönlichkeiten der Lernenden und ihrer Begabungen (Normalbegabung, Minderbegabung, Hochbegabung), ihres Wissensstandes und ihrer familiären Situation, entwerfen und unter der Maxime „Weniger ist mehr." vorbereiten. Bei dieser Reduktion und Umgestaltung des Unterrichtsstoffes sollte ein fächerübergreifender Unterricht wo irgend möglich angestrebt werden. Zudem sollten sich die Lehrenden auf den Gebieten Persönlichkeits-, Entwicklungs- und Lernpsychologie, wie sie in den wissenschaftlichen Grundlagen dieses Buches dargestellt werden, fortbilden.

Im reformierten Unterricht, in dem ein fächerübergreifendes oder alternativ ein Fachthema pro Tag im Lehrer-Team vermittelt wird, sollte zum Start eine Eingewöhnungszeit bei den Lehrenden und den Lernenden von mindestens einem Dreivierteljahr berücksichtigt werden. Gerade in der Anfangszeit ist es wichtig, dass die Steuergruppe mit einzelnen Teams die gesammelten Erfahrungen bespricht und bei Problemen gemeinsam nach Wegen sucht. Zusammenkünfte aller Teams, also Plenarveranstaltungen, sollten vorrangig der Fortbildung dienen.

Nicht alles klappt sofort! Wir taten uns über ein Jahr oft schwer und ein Lehrer-Team stieg zur Mitte des ersten Jahres aus dem Projekt aus. Letztendlich haben sich aber Arbeit und Mühe aller am Reformprojekt Beteiligten gelohnt. Jede Woche erleben wir den Erfolg in unseren Projektklassen.

Teil 3

Der Umgang mit Intelligenz- und Begabungsunterschieden und Lern- und Verhaltensstörungen

A Wissenschaftliche Grundlagen

Schüler einer Klasse bilden oft eine sehr heterogene Gruppe. Nicht alle Kinder sind hochbegabt, wie einige Neurodidaktiker uns weismachen wollen (vgl. Hüther und Hauser, 2012), und leider haben nicht alle von ihnen eine positive Persönlichkeitsentwicklung in einem bildungsnahen Elternhaus und einer qualifizierten Vorschule erfahren. Deshalb muss der Lehrer in der Lage sein, Intelligenz- und Begabungsunterschiede bei den Schülern zu erkennen und zu berücksichtigen. Bei einem nicht unbeträchtlichen Prozentsatz der Schüler treten Lernstörungen wie Lese-Rechtschreib-Schwäche (Legasthenie, Dyslexie) oder Rechenschwäche (Dyskalkulie) auf, Lernbehinderungen bzw. geistige Behinderungen, psychische Störungen wie Autismus oder das Aufmerksamkeitsdefizit-Hyperaktivitäts-Syndrom (ADHS) oder Verhaltensstörungen, die den Schulunterricht erheblich behindern können. Umso wichtiger ist es, dass Lehrer in dieser Hinsicht hinreichende Kenntnisse über die unterschiedlichen Formen von Lernstörungen besitzen, um ihren Unterricht auf Begabungsunterschiede einzustellen, frühzeitig Lernstörungen und psychische Störungen sowie Verhaltensstörungen zu erkennen und Fachleute zu Rate zu ziehen.

Intelligenz und Begabung

Über den Begriff der Intelligenz und die Brauchbarkeit von Intelligenztests ist viel geschrieben und gestritten worden, und beides hat im allgemeinen akademischen Bewusstsein und auch in der Wirtschaft keinen besonders guten Ruf. Dies ist aber völlig unbegründet, denn in der Persönlichkeitspsychologie ist nichts so gut untersucht wie das Merkmal „Intelligenz“, und dieses Merkmal ist mindestens so genau zu messen wie die individuelle Persönlichkeitsausprägung.

Was ist Intelligenz, und wie misst man sie?

Zum Begriff „Intelligenz" gibt es zahlreiche lange Definitionen. Eine kurze Definition lautet „erfolgreiches bzw. kreatives Problemlösen unter Zeitdruck". Der Aspekt des Zeitdrucks ist hier wichtig, denn es kommt bei Intelligenz vornehmlich auf die Schnelligkeit der Assoziationen an. Das zeigt, dass „intelligent" nicht unbedingt „klug" bedeutet und erst recht nicht „weise", denn klug und weise wird man überwiegend aus Erfahrung, auch wenn es zutrifft, dass ein intelligenterer Mensch in der Regel schneller Erfahrungen sammeln kann. Nach heutigem Verständnis setzt sich Intelligenz aus zwei grundlegenden Faktoren zusammen, nämlich aus einem allgemeinen Intelligenz-Faktor (auch „flüssige Intelligenz" genannt), der dem „schnellen Denken und Assoziieren" zugrunde liegt, und aus speziellen Bereichsfaktoren (zusammen auch „kristalline Intelligenz" genannt), die sich auf Erfahrungswissen beziehen.

Die „allgemeine Intelligenz" beruht nach gängiger, auch neurobiologischer Sicht auf der Schnelligkeit und Effektivität der Informationsverarbeitung im Arbeitsgedächtnis. Die speziellen Bereichsfaktoren umfassen hingegen Wissen in unterschiedlichen sprachabhängigen und sprachunabhängigen Bereichen. Diese betreffen typischerweise Allgemeinwissen und Wortschatz und andererseits logisches bzw. abstraktes Denken und räumliches Vorstellungsvermögen. Dementsprechend besteht ein Intelligenztest wie der Hamburg-Wechsler-Test für Kinder (HAWIK) bzw. für Erwachsene (HAWIE) aus unterschiedlichen sprachlichen und sprachfreien Einzeltests. Im Durchschnitt ergeben die dabei gewonnenen Werte zusammengefasst den „Intelligenzquotienten" (IQ). Der IQ ist immer auf eine bestimmte Altersgruppe bezogen und gibt an, in welchem Maße die getestete Person über oder unter dem Intelligenz-Durchschnitt liegt, der definitionsgemäß bei 100 liegt. Wie bei den Persönlichkeitstests liefert ein IQ-Test immer nur Angaben relativ zur Vergleichsmenge, d. h. zu einer bestimmten Altersgruppe.

Die mithilfe eines IQ-Tests gemessene Intelligenz ist in einer Altersgruppe nicht gleichmäßig, sondern „normalverteilt" bzw. „Gauss-" (oder „Glockenkurven-") verteilt. Dies beinhaltet mathematisch gesehen, dass knapp 70 % der Menschen einen IQ haben, der um den Durchschnitt von 100 herum zwischen 85 und 115 liegt. Menschen mit einem IQ über 115 sind daher überdurchschnittlich, solche mit einem IQ unter 115 unterdurchschnittlich intelligent bzw. begabt. Deutlich minderbegabt sind Menschen mit einem IQ unter 70 und hochbegabt solche mit einem IQ über 130. Beide machen jeweils 2,5 % der Altersgruppe aus.

Eine wichtige Rolle für die Intelligenz und insbesondere für das generelle Problemlösen spielt das bereits mehrfach erwähnte Arbeitsgedächtnis, das im oberen Stirnhirn lokalisiert ist. Es ist in seiner Fassungskraft und seiner Verarbeitungsgeschwindigkeit hochgradig beschränkt und stellt beim Problemlösen den kognitiven „Flaschenhals" dar. Zudem hat es beim Problemlösen zwei unterschiedliche Funktionen: Es muss zum einen die Sachlage bzw. das Problem erkennen, und zum anderen muss es aus den unterschiedlichen Inhalten des Wissensgedächtnisses diejenigen aufrufen, die zur Lösung des anstehenden Problems geeignet sind. Dabei zählt die Geschwindigkeit, mit der ein Problem erkannt und geeignete Inhalte aufgerufen und zusammengesetzt werden. Außerdem muss – entsprechend der Unterscheidung von flüssiger und kristalliner Intelligenz – genügend spezifisches Wissen vorhanden sein.

Dies bedeutet: Eine Person, die schnell denken kann, aber nur wenig weiß, ist in der Regel schlecht im praktischen Problemlösen, während eine Person, die langsamer denkt, aber in langer Berufserfahrung viel Expertenwissen gesammelt hat, beruflich durchaus erfolgreich sein kann. Deshalb spricht z. B. die Lernforscherin Elsbeth Stern dem Wissenserwerb mehr Bedeutung zu als der allgemeinen Intelligenz. Am besten dran sind natürlich solche Menschen, die schnell Informationen verarbeiten können und zugleich viel wissen. Neurobiologische Untersuchungen zeigen, dass intelligente Menschen ein effektiver arbeitendes Arbeitsgedächtnis haben als weniger intelligente und deshalb nicht nur schneller denken und assoziieren, sondern auch schneller lernen können.

Die allgemeine Intelligenz als Grundfunktion des Arbeitsgedächtnisses lässt sich nicht wesentlich verbessern und scheint in hohem Maße genetisch-epigenetisch bedingt zu sein. Intelligente Personen sind jedoch, eventuell ebenfalls teilweise genetisch-epigenetisch bedingt, besser befähigt, die typischen Beschränkungen des Arbeitsgedächtnisses durch intuitive oder erlernte Tricks, Denk- und Merkhilfen („Eselsbrücken") sowie Routinen im bereichsspezifischen Problemlösen auszugleichen. Es gibt in diesem Zusammenhang durchaus auch Förder- und Übungseffekte, die aber wenige Wochen nach Ende des Übens oder der Förderung wieder weitgehend verschwunden sind. Man muss daher ständig fördern.

Der Begriff „Kreativität" betont die Fähigkeit, bei Problemen kognitiver oder praktischer Art oder bei der künstlerischen Tätigkeit neuartige Lösungen zu finden. Allgemein gilt, dass Kreativität eng mit Intelligenz verbunden ist, und die standardisierten Intelligenz-Tests können mit dem Faktor der „allgemeinen

Intelligenz“ Kreativität gut miterfassen. Allerdings steigert sich die Aussagekraft dieser Tests durch die Kombination mit einem Persönlichkeitstest.

Es gilt aber auch, dass kreative Menschen nicht unbedingt schnell denken können müssen, denn viele „Lösungen“ wissenschaftlicher, künstlerischer oder praktisch-technischer Art stellen sich „intuitiv“, d.h. wie von selbst und oft mit einer gewissen zeitlichen Verzögerung ein. Umgekehrt sind intelligente Menschen nicht unbedingt kreativ. Sie können vorhandenes Wissen schnell zusammensetzen, aber nicht unbedingt ganz neue Wege gehen.

Es werden viele Methoden zur Förderung von Kreativität angepriesen, allerdings handelt es sich bei der Kreativität wie auch bei der allgemeinen Intelligenz um eine hochgradig genetisch-epigenetisch bedingte Eigenschaft, die man nur in begrenztem Umfang trainieren kann. Förderung der Kreativität sollte daher eher darin bestehen, Kindern und auch Erwachsenen Angebote zu machen, mit denen sie ihre kreativen Fähigkeiten eigenständig entfalten können. Hierbei sind, besonders die elterliche Ermutigung, die frühen, in der Regel familiären Entwicklungsbedingungen wichtig. Darüber hinaus muss alles daran gesetzt werden, Wissen kompetent zu vermitteln. Auch für kreative Menschen ist es vorteilhaft, viel zu wissen.

Hochbegabung

In der Begabungspsychologie gelten üblicherweise Personen als hochbegabt, deren Intelligenz um mindestens zwei Standardabweichungen über dem Mittelwert von 100 liegt, deren IQ also mindestens 130 beträgt. Dies trifft auf rund 2 % der Bevölkerung zu. Einige Autoren setzen für Hochbegabung einen IQ von 135 voraus, was dann rund 1 % der Bevölkerung umfasst. Ab einem IQ von ungefähr 150 bis 160 aufwärts kann man aus statistischen Gründen keine sinnvollen Aussagen über den IQ eines „Höchstbegabten“ machen – die Normalverteilung der Intelligenz nähert sich hier dem Nullwert der Häufigkeit an. Man sollte also Behauptungen von Eltern, ihre Tochter habe nachweislich einen IQ von 220, keine Bedeutung zumessen, denn solche Werte sind gar nicht mehr messbar.

Hochbegabung ist also – ebenso wie Intelligenz – ein psychologisches Konstrukt und als solches ein relativer Wert, der sich immer auf den Durchschnitt einer Altersgruppe in einem bestimmten Land oder Kulturkreis bezieht. Da sich dieser Durchschnitt aus unbekannten Gründen ändert und sich über lange Zeit kontinuierlich erhöht (Flynn-Effekt genannt), müssen IQ-Tests ständig neu geeicht werden. Insofern ist es unzulässig, Werte eines Intelligenztests von heute mit denen von vor 50 Jahren zu vergleichen. Die Gründe für den Flynn-Effekt sind unklar. Falls dieser Effekt kein Messartefakt ist, mag dieser Anstieg auf bessere Ernährung, eine bessere frühkindliche Bildung bzw. eine steigende Allgemeinbildung zurückzuführen sein. Es ist auch unklar, ob der IQ zurzeit weiter ansteigt oder inzwischen gleich bleibt. In keinem Fall aber kann begründet angenommen werden, dass die Intelligenz der jungen Leute im Vergleich zu früher absinkt, etwa aufgrund verstärkten Konsums digitaler Medien, wie häufig behauptet wird (vgl. Spitzer, 2012). Das würde große Längsschnittstudien von mindestens 10 Jahren erfordern, die bisher nicht durchgeführt wurden.

Aus der Tatsache, dass der IQ signifikant mit der „allgemeinen Intelligenz" übereinstimmt (Asendorpf und Neyer, 2012; Rost, 2013), folgt, dass Hochbegabte über eine hohe allgemeine Intelligenz verfügen. Schon dies widerspricht der verbreiteten Meinung, Hochbegabte zeichneten sich typischerweise nur in einem bestimmten Begabungsbereich aus, meist Mathematik, Musik oder Gedächtnisleistungen, verfügten also über eine „Inselbegabung". Nach Rost (2013) sind Hochbegabte im Durchschnitt vielmehr durch folgende Merkmale gekennzeichnet: Viele von ihnen können früher laufen und sprechen, zweitens kommen sie früher in die Pubertät, drittens haben sie eine niedrigere Rate psychischer und physischer Auffälligkeiten, viertens zeigen sie deutlich höhere Schulleistungen, fünftens sind sie emotional ausgeglichener, sechstens sind sie an vielen Dingen deutlich interessierter, siebtens zeigen sie meist Mehrfachbegabungen und achtens sind sie in dem, was sie tun, hochkreativ. Befunde drei und fünf sind besonders wichtig, zeigen diese doch, dass mit Hochbegabung in der Regel eine reifere Persönlichkeit einhergeht.

Schwierig zu beurteilen ist die Tatsache der Dominanz des männlichen Geschlechts bei sogenannten Spitzenbegabungen. Zwar stimmen nach neuen Untersuchungen die Mittelwerte der Intelligenz von Mädchen/Frauen und Jungen/Männern überein, hingegen verlaufen oberhalb und unterhalb des Mittelwertes die Kurven nicht deckungsgleich. Dies wird meist dadurch erklärt, dass bei Jungen die Gauss-Kurve der Intelligenzverteilung flacher verläuft als die der Mädchen und es folglich bei ersteren nicht nur mehr besonders Hochbegabte, sondern auch mehr deutlich Minderbegabte gibt. Ab einem IQ von 145 beläuft sich das Verhältnis hochbegabter Jungen zu hochbegabten Mädchen auf etwa 8:1 (Rost, 2013). Es kann auch sein, dass die Fähigkeiten, in denen Jungen und Männer die Mädchen und Frauen überragen, nämlich im Bereich der Mathematik, der Musik, der Raumvorstellung und Technik, im oberen Randbereich noch stärker ausgebildet sind als die Verbalfähigkeiten, in denen Mädchen und Frauen die Jungen und Männer übertreffen. Schließlich kann es sich auch um die Folge einer besonderen genetisch-hormonalen Ausstattung der Männer (insbesondere hinsichtlich der Kopplung von Testosteron und Dopamin) handeln, welche hochbegabte Männer noch ehrgeiziger macht als hochbegabte Frauen. Jedoch fehlen hierzu belastbare wissenschaftliche Daten.

Inselbegabung

Während die Mehrzahl der Hochbegabten durch das Vorliegen von Mehrfachbegabungen und eine ausgeglichene Persönlichkeit einschließlich eines guten Sozial- und Kommunikationsverhaltens gekennzeichnet ist, zeichnen sich Personen mit Inselbegabungen in der Regel durch ein starkes Ungleichgewicht von auffallenden bis außergewöhnlichen Fähigkeiten und Leistungen in einem eng umgrenzten Bereich und Minderbegabungen und Mangel an Fähigkeiten in den meisten anderen Bereichen intellektueller Leistungen aus. Diese „Inselbegabungen" können unterschiedlichster Art sein. Oft handelt es sich um besondere mathematische Begabungen, hervorragende räumliche Orientierungsleistungen, aber auch weit überdurchschnittliche Gedächtnis- bzw. Erinnerungsleistungen, ein fotografisches Gedächtnis, aber auch musikalische oder malerische Sonderbegabungen, die allerdings mehrheitlich rein rezeptiv und künstlerisch wenig kreativ sind. Besonders beeindruckend ist neben Meisterleistungen im Kopfrechnen das Beherrschen vieler Fremdsprachen. Der „Rekord" liegt bei dem deutschen Sinologen und Diplomaten Emil Krebs, der von 1867 bis 1930 lebte und 68 Sprachen perfekt beherrschte. Er soll ein ungewöhnlich gestaltetes Broca-Sprachareal gehabt haben.

Wie angedeutet, sind die Leistungen der Inselbegabten meist rezeptiv, mit Ausnahme mathematischer Fähigkeiten, und werden oft als „bizarr" angesehen, so die „Kalenderrechner" oder Personen, die ganze Bücher oder Fahrpläne aller Bananendampfer der Welt auswendig kennen – also Fähigkeiten, die nur selten im täglichen Leben von Nutzen sind. Berühmte Fälle von Inselbegabungen sind der russische Journalist Schereschowskij, der vom russischen Neuropsychologen Alexander Luria (Lurija) über viele Jahre untersucht wurde (Luria, 1987) und über ein phänomenales Gedächtnis verfügte. Er selbst wurde durch Zufall auf seine einzigartige Fähigkeit aufmerksam, als ihm auffiel, dass sich seine Reporterkollegen Notizen über das Gesehene und Gehörte machten, was für ihn überflüssig war. Ein ähnliches Supergedächtnis ist von dem amerikanischen Restaurantbesitzer Jacques Scarella bekannt, der sich an alle Namen, Gesichter, Gespräche und Bestellungen seiner Gäste über Jahrzehnte erinnern konnte.

Luria fand bei Schereschowskij heraus, dass das Supergedächtnis mit einer zwanghaften Verknüpfung von Sinnesmodalitäten, von bildhaften Vorstellungen, aber auch von abstrakten Inhalten einhergeht. Schereschowskij sagte von sich: „Ich kann nicht vermeiden, Farben zu sehen, wenn ich eine Stimme höre." Luria beschreibt, was sein Patient erlebte, wenn er sich eine lange Wortliste durchlas: „Jedes Wort rief ein anschauliches Bild hervor. Und da die Liste lang war, brachte er die Bilder in eine geistige Abfolge. Meist „verteilte" er sie entlang einer Wegstrecke oder Straße, die er sich vorstellte [...]. Oft ging er vom Majakovskijplatz im Geist die Gorkijstraße entlang und „verteilte" seine Bilder auf Häuser, Tore und Schaufenster [...]. Um sich zu erinnern, ging er dann einfach vorwärts oder rückwärts denselben Weg noch einmal und fand das Bild des in der Wortliste enthaltenen Gegenstandes."

Oft gehen mit einer Inselbegabung Defizite in anderen kognitiven Bereichen einher, insbesondere aber im Bereich der sozialen Interaktion und Kommunikation. Rund die Hälfte aller Personen mit „Inselbegabungen" werden als Autisten eingestuft, die durch die genannten Defizite gekennzeichnet sind. Auf Autismus als Lernbehinderung werden wir weiter unten gesondert eingehen, ebenso in diesem Zusammenhang auf die möglichen neurobiologischen Grundlagen von Autismus.

Die Entwicklung von Intelligenz

In welchem Maße ist Intelligenz ein stabiles Merkmal? Anders formuliert: In welchem Maße kann man aufgrund der Ergebnisse eines bei einem jungen Menschen durchgeführten Intelligenztests die Resultate weiterer Tests im Abstand von einem Jahr, von zehn, zwanzig usw. Jahren vorhersagen? Es zeigt sich, dass sich bei einem Individuum die Intelligenz mit zunehmendem Alter stabilisiert und deshalb immer genauer voraussagbar wird. Diese Tatsache kann über den sogenannten Korrelationskoeffizienten dargestellt werden, der angibt, in welchem Maße unterschiedliche Größen miteinander übereinstimmen. Ein Korrelationskoeffizient von 1 zeigt eine vollkommene Übereinstimmung an, ein Wert von 0 eine völlige Unabhängigkeit und ein Wert von minus 1 eine sogenannte „Anti-Korrelation", d.h., zwei Merkmale verhalten sich entgegengesetzt.

Der Korrelationskoeffizient zwischen der Intelligenz im vierten und im vierzehnten Lebensjahr beträgt 0,65 und ist damit schon überraschend hoch. Die Korrelation zwischen der Intelligenz im vierzehnten und im neunundzwanzigsten Lebensjahr beträgt trotz des viel längeren Zeitraums 0,85, ist also sehr hoch und zeigt an, dass die Intelligenz bereits mit vierzehn Jahren ziemlich stabil ist. Nach Aussage einiger Forscher korreliert die Intelligenz im Alter von sechs Jahren mit derjenigen im Alter von vierzig Jahren mit einem Koeffizienten von 0,6 (Asendorpf und Neyer, 2012). Dies ist ein erstaunlich hoher Wert und bedeutet, dass man aufgrund der Kenntnis der Intelligenz einer sechsjährigen Person ihre Intelligenz im Alter von vierzig Jahren mit guter Annäherung vorhersagen kann.

In welchem Maße ist Intelligenz angeboren oder erworben?

Die Frage nach den genetischen Anteilen von Intelligenz ist schwieriger zu beantworten. Eine der wichtigsten Untersuchungsmethoden zu dieser Frage ist nach wie vor die Zwillingsforschung, bei der man eineiige Zwillinge (also Personen mit identischem Erbgut), die bei ihren biologischen Eltern aufwuchsen, mit solchen vergleicht, die kurz nach der Geburt getrennt adoptiert wurden. Beide Gruppen kann man dann mit normalen Geschwistern (die zu 50 % dieselben Gene haben) vergleichen. Man geht inzwischen aufgrund solcher Studien davon aus, dass Intelligenz zu rund 50 % „angeboren", d.h. bei Geburt vorhanden ist, statistisch korrekter ausgedrückt, dass rund die Hälfte der Unterschiede in der Intelligenz, also ihre Varianz, zwischen allen bisher untersuchten Personen durch „angeborene" Merkmale erklärbar sind. Dies schließt genetisch-epigenetische Faktoren ebenso wie vorgeburtliche Einflüsse ein, die u.a. dafür verantwortlich sind, dass bei eineiigen Zwillingen neben Temperamentsunterschieden auch Unterschiede in der Intelligenz (wenngleich keine großen) auftreten können.

Dieser „angeborene" Anteil der Intelligenz ist beträchtlich höher als bei den meisten anderen Persönlichkeitsmerkmalen, bei denen dieser Anteil meist bei 20–30 % Varianzaufklärung liegt. Umwelteinflüsse haben auf die Intelligenz einen verstärkenden oder mindernden Einfluss, der in der Kindheit ganz grob geschätzt bei +/- 20, im Jugendalter bei +/- 10 und im Erwachsenenalter bei

+/– 5 IQ-Punkten liegt (Neubauer und Stern, 2007). Der Rest ist testpsychologisch meist nicht weiter genau aufklärbar, weil abhängig von der Tagesform, Unsicherheiten des Tests usw.

Dies könnte so verstanden werden, dass der Einflussbereich der Umwelt auf die Intelligenz verhältnismäßig gering ist, was jedoch nicht der Fall ist. Nehmen wir in sehr grober Vereinfachung eine Person, die „angeborenermaßen" eine durchschnittliche Intelligenz besitzt und durchschnittlich gefördert wird. Diese Person wird im Erwachsenenalter definitionsgemäß einen IQ um 100 haben. Wächst sie unter sehr ungünstigen kognitiv-emotionalen Bedingungen auf, so erreicht sie später einen IQ von rund 80, bei dem ein Mensch in seiner geistigen Leistungsfähigkeit schon etwas eingeschränkt ist. Bei optimaler Förderung kann die Person hingegen einen IQ von rund 120 erreichen, der bereits über dem Durchschnitt der deutschen Abiturienten liegt. Relativ geringe Abweichungen vom Mittelwert ergeben also bereits deutlich wahrnehmbare Unterschiede in der Intelligenz. Dies hängt damit zusammen, dass die Masse der Individuen einen IQ zwischen 85 und 115 hat, d. h., was wir unter „normaler Intelligenz" verstehen, bewegt sich in einem ziemlich engen Bereich. Dies bedeutet auch, dass Umwelteinflüsse und Erziehung bei der geistigen Entwicklung durchaus eine Chance haben, auch wenn Intelligenz höhere angeborene Anteile hat als andere Persönlichkeitsmerkmale. Dies bedeutet schließlich, dass eine Intelligenzförderung dann am effektivsten ist, wenn sie bereits in ganz jungen Jahren beginnt. Besonders negativ wirkt sich Unterernährung auf die Intelligenzentwicklung aus – hier kann es Einbußen von bis zu 30 IQ-Punkten geben.

Der sorgfältige und einfühlsame Umgang mit Begabungsunterschieden muss jedem Lehrer vertraut sein. Was in Teil 2 über den „hirngerechten" Unterricht gesagt wurde, gilt auch hier: Die Vermittlung des Stoffes muss den individuellen Eigenheiten des Arbeitsgedächtnisses und damit der individuellen Intelligenz angepasst werden. Das ist bei ca. 70 % der Kinder, die im weiteren Sinne „normal intelligent" sind, kein Problem. Ein Problem stellen hingegen zum einen die ein bis zwei hochbegabten Kinder pro Klasse dar, denen der Unterricht oft nicht schnell genug geht bzw. schnell langweilig wird. Auch wenn es gut ist, solche Kinder im Klassenverband zu halten, so müssen ihnen mehr oder schwierigere Aufgaben gegeben werden. Sehr gut ist es, sie beim Unterrichten von lernschwächeren Klassenkameraden einzubinden. Bei lernschwachen Kindern muss entsprechend der Umfang des Unterrichtsstoffs bzw. die Geschwindigkeit der Unterrichtsprogression reduziert werden. Die Forschung zeigt, dass sich neben einer Verlängerung der Bearbeitungszeit insbesondere die Senkung der Stofffülle positiv auswirkt.

Intelligenz- und Begabungsunterschiede zwischen Jungen und Mädchen?

Eine häufig gestellte Frage betrifft mögliche Intelligenz- und Begabungsunterschiede zwischen Jungen und Mädchen. Während man früher von relativ kleinen, aber „robusten“ Intelligenzunterschieden von ca. 4–6 IQ-Punkten zugunsten der Jungen ausging, so werden solche Unterschiede durch neuere Untersuchungen nicht bestätigt, d. h., im Durchschnitt schneiden in gängigen Intelligenztests Mädchen und Jungen gleich gut ab. Es bleibt aber, wie erwähnt, zumindest vorläufig der Befund, dass bei Jungen die „Gauss-Kurve“ der Intelligenzverteilung flacher ist als bei Mädchen, was zur Folge hat, dass es bei Jungen deutlich mehr Hochbegabte und mehr Minderbegabte gibt.

Ebenso ergeben sich bei Intelligenztests regelmäßig gewisse Unterschiede in Teilbegabungen zwischen Jungen und Mädchen, z. B. eine leichte Überlegenheit der Jungen bei räumlicher Orientierung, Musik und mathematisch-abstraktem Denken, bei Mädchen bei sprachbezogenen Aufgaben. Dies mag teilweise genetisch bedingt oder durch Umwelt und Erziehung bewirkt sein – das letzte Wort ist hier noch nicht gesprochen. Für die Arbeit der Lehrer in der Schule sollte all dies keine Rolle spielen. Allerdings bestehen gravierende Unterschiede in der Lernmotivation bzw. im Fleiß, wie in Teil 2 dargelegt. Auch hier sind die Ursachen unklar.

Wie fördert man Intelligenz und Begabung?

Nach wie vor umstritten ist die Frage, was man spezifisch machen kann, um die Intelligenz von Kindern und Jugendlichen langfristig zu steigern. Die Intelligenzforschung hat gezeigt, dass ab dem späteren Kindesalter – entgegen vieler vollmundiger Versprechungen – die üblichen Denk- und Intelligenztrainings nur einen kurzfristigen Effekt von wenigen IQ-Punkten haben. Diese Zugewinne verschwinden in der Regel, sobald das Lernprogramm abgeschlossen ist. Auch haben Vorschulprogramme für benachteiligte Kinder nur dann einen messbaren längerfristigen Effekt im Bereich von ca. 5 IQ-Punkten, wenn sie täglich sechs Stunden über mehrere Jahre andauern und in der Grundschule mindestens drei Jahre lang fortgesetzt werden (vgl. Rost, 2013).

Demgegenüber haben positive frühkindliche Bindungserfahrungen und frühe sensorische, kognitive und kommunikative Erfahrungen einen hohen Effekt. Gezielte Förder- und Trainingsmaßnahmen in den ersten drei Lebensjahren durch ehrgeizige Eltern nach Art der „chinesischen Mutter“ oder „Tiger-Mutter“ sind dagegen schädlich, weil sie das ganz unreife Gehirn zu sehr unter Stress setzen. Auch können in sehr frühen Jahren weder der Intelligenzquotient noch spezifische Begabungen hinreichend genau festgestellt werden, so dass man gar nicht genau weiß, was man spezifisch fördern sollte. Die größte Auswirkung hat ein langjähriger Schulbesuch, verbunden mit vielseitiger kognitiver, musischer und körperlicher Anregung und nachhaltigem Üben. Nach Rost (2013) erbringt jeder einzelne Schulmonat einen Intelligenzzuwachs von etwa einem Drittel IQ-Punkt, zumindest im mittleren IQ-Bereich.

Wichtig ist in jedem Fall eine kontinuierliche Förderung. Deshalb sind Maßnahmen wie eine Verkürzung der Schulzeit von 13 auf 12 Jahre auch in dieser Hinsicht als kontraproduktiv anzusehen und die sich allgemein abzeichnende Tendenz zur Rücknahme dieser Maßnahme ist zu begrüßen.

„Soziale" und „emotionale" Intelligenz

Aufgrund der verbreiteten Annahme, dass die von den IQ-Tests erfasste Intelligenz im Wesentlichen nur die sprachliche und nichtsprachliche kognitive Intelligenz betrifft, werden seit einiger Zeit eine hiervon unterschiedene „soziale Intelligenz“ und eine „emotionale Intelligenz“ propagiert. Es hat sich jedoch herausgestellt, dass diese vermeintlichen Arten von „Intelligenz“ sehr heterogene Merkmalsbereiche umfassen und über die vorliegenden – meist mit einem Persönlichkeitstest kombinierten – Intelligenztests hinaus keinerlei Aussagewert besitzen.

Im Fall der „sozialen Intelligenz“ sollte besser von „sozialer Kompetenz“ gesprochen werden. Diese setzt sich aus zwei unabhängigen Merkmalsbereichen zusammen, nämlich erstens aus der Durchsetzungsfähigkeit hinsichtlich eigener Interessen und zweitens aus der Beziehungsfähigkeit, d. h. der Fähigkeit zum Eingehen auf die Interessen anderer. Soziale Kompetenz besteht daher aus einer Balance zwischen beiden Merkmalsbereichen und umfasst (1) den Respekt vor der Autorität und Kompetenz anderer Personen, (2) Offenheit gegenüber anderen Personen, (3) psychologische Feinfühligkeit, (4) Hilfsbereitschaft und

(5) Kontaktfreudigkeit. Diese Merkmale korrelieren sowohl positiv mit den Dimensionen Extraversion, Offenheit und Verträglichkeit der „Big Five“ als auch mit dem IQ, d.h., höher intelligente Menschen haben – entgegen einem weit verbreiteten Vorurteil – im Durchschnitt höhere soziale Kompetenzen (Rost, 2013). Soziale Kompetenzen lassen sich daher gut über eine Kombination von Persönlichkeitstests und IQ-Tests erfassen.

Lernstörungen

Zu den häufigsten Lernstörungen gehören die Lese-Rechtschreibstörung, Legasthenie oder Dyslexie genannt, und die Rechenschwäche (Dyskalkulie).

Legasthenie

Die Legasthenie bzw. Dyslexie oder Lese-Rechtschreibstörung ist eine teils genetisch bedingte, teils erworbene Störung im schriftsprachlichen Bereich. Sie tritt bei ca. 4% der Bevölkerung auf, und zwar vermehrt beim männlichen Geschlecht. Bei eineiigen Zwillingen tritt sie mit einer Wahrscheinlichkeit von rund 68% auf, was auf eine hohe genetische Determination hinweist. Neue Forschungen haben ergeben, dass die genetische Beeinträchtigung vor allem auf einem Defekt auf dem Chromosom 6 beruht; es sind aber auch Defizite auf anderen Chromosomen beteiligt. Das heißt, wie bei nahezu allen Beeinträchtigungen der kognitiven Leistungen ist die Legasthenie polygenetisch verursacht. Der genaue Störungseffekt im Gehirn ist unklar, wahrscheinlich liegt innerhalb des frühen Wachstums der Großhirnrinde ein gestörtes Wanderungsverhalten (Migration) von Nervenzellen im temporo-parietalen Cortex, genauer im späteren Schreib-Lese-Zentrum (Brodmann-Areal BA 39–40), sowie im präfrontalen Cortex als Sitz des Arbeitsgedächtnisses vor. Dort sind wahrscheinlich auch das Verknüpfungsmuster zwischen den Neuronen sowie die Synchronisation der neuronalen Aktivitäten beeinträchtigt. Die Defizite im Arbeitsgedächtnis könnten eine Verlangsamung der Verarbeitung von sprachlichen Reizen beim Hören und Lesen bedingen. Für eine Störung der Hirnentwicklung spricht, dass die „Fehler“, die Legastheniker zeigen, vorübergehend auch bei normal sich entwickelnden Kindern auftreten, aber bei ersteren persistieren. Es ist aber unklar, ob es sich bei der Legasthenie überhaupt um eine einheitliche Störung handelt oder ob es sich nicht um eine Kombination einer Schreibstörung und einer Lesestörung handelt. Hierfür spricht, dass beide Störungen auch unabhängig voneinander auftreten können.

Das Störungsbild der Legasthenie ist komplex. Lesestörungen können eine generell verlangsamte visuelle Verarbeitung, Startschwierigkeiten beim Vorlesen, Auslassungen, Ersetzungen und ein geringes Leseverständnis umfassen und Rechtschreibstörungen können Buchstabenverdrehungen und Reihenfolgenfehler, Grammatikfehler, Auslassungen und Fehlerinkonstanz beinhalten. Dies kann auf eine verlangsamte auditorische Informationsverarbeitung und in diesem Zusammenhang auf eine Beeinträchtigung der Sprachlauterkennung zurückgehen, d. h., die Betroffenen können die gehörten Wörter nicht genügend schnell voneinander trennen („segmentieren") und daher auch nicht verstehen. In diesem Fall ist ein deutlich verlangsamtes Sprechen des Lehrenden von großer positiver Wirkung.

Es liegt oft auch eine kombinierte Blickbewegungs- und Aufmerksamkeitsstörung vor. Das Lesen eines Textes erfolgt normalerweise, indem der Blick in Leserichtung in „Sakkaden" voranschreitet, für rund 300 Millisekunden auf einer Buchstabengruppe ruht, wobei das Schriftbild erfasst und vom Gehirn analysiert und gespeichert wird, und dann weiterspringt. Wenn allerdings ein Wort schwer lesbar oder verstehbar ist, dann verringern sich die Fixationssprünge, und einzelne Buchstaben werden „abgescannt", was das Lesen deutlich verlangsamt. Kommt es beim Lesen von Wörtern zu Verständnisschwierigkeiten, dann springt das Auge gegen die Leserichtung zurück und erfasst kleine Teile des Textes von neuem.

Untersuchungen haben ergeben, dass die Blicksteuerung bei Legasthenikern deutlich verlangsamt bzw. zielloser ist – bei vielen Betroffenen „irrt" der Blick auf dem Text hin und her. Dies kann schließlich auch auf einen gestörten Zugriff auf das sprachliche („lexikalische") Bedeutungsgedächtnis hindeuten, d. h., den Betroffenen gelingt es nicht, das Gesehene mit einer Wortbedeutung zu verbinden. Auch können beim Lesen die Zeilen nicht gehalten werden. Oft berichten Legastheniker, dass ihnen das Schriftbild „vor den Augen verschwimmt", wie wir es erleben, wenn wir sehr müde sind oder unter Stress stehen.

Charakteristischerweise liegt bei Legasthenikern keine Beeinträchtigung der allgemeinen Intelligenz vor. Legasthenie ist gut früh erkennbar und deutet sich häufig durch eine Verzögerung der Sprachentwicklung an: Etwa die Hälfte der sprachverzögerten Kinder („late talkers“), die 15–20 % der Kinder ausmachen, zeigt deutliche Sprachentwicklungsstörungen, die sich dann wiederum zur Hälfte in einer Legasthenie manifestieren – bei der anderen Hälfte beheben sich die Störungen von selbst. Es gilt, dass von Kindern, welche im Alter von 24 Monaten noch keine 50 Wörter verwenden und noch in Zwei-Wort-Sätzen sprechen, etwa ein Viertel zu Legasthenikern wird, wenn nicht frühzeitig eingegriffen wird.

Aufgrund dieser Erkenntnisse kann Legasthenie je nach Schweregrad durch frühzeitige Förderung zumindest teilweise abgeschwächt oder gar geheilt werden. Unterstützungsmaßnahmen beziehen sich insbesondere auf das Training des Hörens und Sprechens von einzelnen Lauten („Phonem-Bewusstsein“) sowie der Blicksteuerung. Allerdings erweist sich ein beträchtlicher Teil derjenigen Kinder, die sehr früh Fördermaßnahmen erhalten, als behandlungsresistent. Hier muss die Förderung den massiven Sekundärproblemen wie leistungsbezogenen Ängsten, Einnässen usw. entgegenwirken sowie die Einübung von Bewältigungsstrategien unterstützen. Setzen die Fördermaßnahmen erst im späteren Jugendalter oder im Erwachsenenalter ein, haben sie meist wenig Erfolg.

Intensiv wird zur Zeit diskutiert, ob und in welchem Maße Legasthenie durch frühe problematische Umwelteinflüsse verstärkt oder gar erst hervorgerufen wird. Gegen eine solche Annahme spricht die offensichtliche starke genetisch-epigenetische Veranlagung (Prädisposition). Für eine solche Annahme spricht die Korrelation zwischen Legasthenie und problematischen sozialen Verhältnissen der Herkunftsfamilie. Dabei ist allerdings unklar, was die Henne und was das Ei ist, denn bis heute beeinträchtigt Legasthenie leider erheblich den sozialen Aufstieg. Ebenso wird von einigen Autoren ein Zusammenhang zwischen erhöhtem Fernsehkonsum im frühen Kindesalter und Legasthenie gesehen, was jedoch statistisch nicht genügend abgesichert ist. Hier mag auch der deutliche Zusammenhang zwischen einem niedrigen sozioökonomischen Status und erhöhtem Fernsehkonsum den verbindenden Faktor darstellen.

Dyskalkulie

Dyskalkulie tritt bei 4–6 % der Weltbevölkerung auf, wiederum vermehrt beim männlichen Geschlecht. Hier liegen Schwierigkeiten mit dem Zahlenbegriff, d. h. der Zuordnung von Menge und Zahl bzw. Ziffer/Zahlsymbol, vor. Im Einzelnen ergeben sich Schwierigkeiten bei komplexeren Rechenoperationen und beim Verständnis von Gleichungen. Die Betroffenen sind nicht in der Lage, Rechenfehler zu erkennen, und zeigen bei Rechenoperationen ein wahlloses Vorgehen. Oft zeigt sich die Unfähigkeit, von konkreten Objekten und Ereignissen abzugehen und Zahlen rational oder intuitiv als Abstraktion zu verstehen. Auch bei der Dyskalkulie liegt in der Regel keine Beeinträchtigung der Intelligenz vor.

Die Ursachen der Dyskalkulie sind noch weniger geklärt als die der Legasthenie. Auch hier findet man eine beträchtliche Vorbelastung durch genetische und vorgeburtliche Defizite. Als neurologische Ursache vermutet man auch hier eine Fehlentwicklung des linken Scheitellappens, die teilweise genetisch, teilweise umwelt- bzw. stressbedingt sein kann. Oft wird ein Zusammenhang mit Verhaltensauffälligkeiten in Form von Vermeidungs- und Versagensangst beobachtet. Ob dies auf einer gekoppelten Hirnschädigung beruht oder psychische Defizite eine Folge der Lernstörung sind, ist nicht bekannt. Im Hinblick auf die Bedeutung negativer Umwelteinflüsse und die Möglichkeiten der Therapierung gilt im Allgemeinen, was zuvor über die Legasthenie gesagt wurde.

Eine Frühbehandlung der Dyskalkulie wird dadurch erschwert, dass die Störung, wenn überhaupt, meist erst in den ersten Schuljahren erkannt wird. Nötig dagegen wären eine Diagnostik im Kindergartenalter und eine sehr frühe individuelle Behandlung. Nur so lassen sich ebenso wie bei der Legasthenie erhebliche psychische und motivationale Folgeschäden vermeiden.

Aufmerksamkeitsdefizit-Hyperaktivitäts-Störung (ADHS)

Unter der Aufmerksamkeitsdefizit-Hyperaktivitäts-Störung (oder -Syndrom, ADHS) leiden 3–10 % der Schüler, und zwar je nach Schwere der Symptome doppelt bis fünfmal so viele Jungen wie Mädchen. Bei ADHS liegt mehrheitlich eine Kombination von drei „Leitstörungsbildern“ vor: erstens eine Störung der Aufmerksamkeit und Konzentration, zweitens eine hohe Impulsivität, die sich in einer ausgeprägten Ungeduld, einer geringen Toleranz eines Belohnungsaufschubs, einer geringen Fehlerkontrolle, einer geringen Anstrengungsbereitschaft und einem schlechten „Zeitmanagement“ äußert, und drittens eine große motorische Unruhe, die sich in vorlautem Verhalten, dem „Zappelphilipp-Syndrom“ oder – vornehmlich bei Jungen – in erhöhter körperlicher Aggressivität äußert. Allerdings ist die Diagnostik von ADHS, insbesondere die Abgrenzung von Erkrankungen mit ähnlicher Symptomatik (Differentialdiagnose) schwierig bzw.

umstritten. Diese Schwierigkeiten rühren zum großen Teil daher, dass einzelne Symptome bei rund einem Drittel der Schulkinder auftreten. Dies führt dazu, dass ADHS in der Schule oft weit überdiagnostiziert wird.

Insgesamt gilt, dass im Kindesalter die Hyperaktivitätssymptome dominieren, aber zum Erwachsenenalter hin abnehmen, wo dann die Aufmerksamkeitsdefizite im Vordergrund stehen. Etwa ein Drittel derer, die im Kindesalter unter ADHS leiden, zeigt dies auch im Erwachsenenalter.

Aus neurowissenschaftlicher Sicht liegt auch hier ein multifaktorielles Störungsbild vor. Man geht u. a. von genetischen Faktoren und Entwicklungsstörungen aus, die vorranging die Entwicklung der beiden Aufmerksamkeitszentren im Stirn- und Scheitellappen (s. oben) betreffen. Die Übereinstimmung zwischen eineiigen Zwillingen liegt bei 50–80 %, und 15 Gene sind bisher als relevant beschrieben worden. Hierüber könnten die Störungen von Funktionen des Arbeitsgedächtnisses besonders in Bezug auf die Aufmerksamkeitsdefizite erklärt werden. Als Ursache der Hyperaktivität wird eine Störung der Basalganglien angenommen, die geringe Toleranz gegenüber einem Belohnungsaufschub sowie die geringe Anstrengungsbereitschaft sieht man in einer Beeinträchtigung des Nucleus accumbens als wichtigem Belohnungs- und Motivationszentrum begründet. Aber auch Defizite im Serotoninsystem als Grund für mangelnde Selbstberuhigung sowie ein unnatürlich hoher Dopamin-Spiegel, der zu impulsivem und „vorlautem" Verhalten führt, können vorhanden sein. All dies kann zumindest teilweise die Folge vorgeburtlicher oder früh-nachgeburtlicher negativer Einflüsse (z. B. Alkoholgenuss der Mutter während der Schwangerschaft) sowie einer Traumatisierung sein. Insgesamt ist unklar, ob und inwieweit es sich um separate, d. h. auch unabhängig auftretende oder um genetisch bzw. funktional gekoppelte Störungen handelt.

Von ADHS betroffene Kinder haben aufgrund der Störung der Impulskontrolle, der „Neuigkeits- und Abwechslungssucht" („sensation-seeking"), der Störung der Selbstkontrolle und des Sozialverhaltens ein hohes Risiko für späteres Suchtverhalten und Kriminalität (s. unten). Ein Zusammenhang mit „Schrei-Babys" wird ebenfalls diskutiert, denn bei vielen solcher Babys vermutet man eine erhebliche Störung des serotonergen Selbstberuhigungssystems kombiniert mit einer erhöhten „Reizsucht" („sensation-seeking").

Therapiemöglichkeiten von ADHS sind ebenso vielfältig wie umstritten und umfassen Pharmakotherapie, Elterntraining, Psychotherapie, Coaching und psychosoziale Maßnahmen. In mittelschweren bis schweren Fällen wird in der Regel Methylphenidat (MPH – „Ritalin") verabreicht. MPH verzögert die Wiederaufnahme insbesondere von Dopamin und in geringerem Maße von Noradrenalin in die Präsynapse und trägt dadurch zur längeren Verweildauer dieser Stoffe im synaptischen Spalt bei. MPH wirkt anregend und aufregend, unterdrückt wie die bekannten Amphetamine Müdigkeit und Hemmungen und steigert kurzfristig die körperliche Leistungsfähigkeit. Die bei körperlicher Überlastung normalerweise auftretenden Warnsignale wie Schmerz und Erschöpfungsgefühl werden vermindert. Methylphenidat hemmt auch den Appetit.

Während die typische kurzfristige Wirkung von MPH in Form einer Aufmerksamkeits- und Konzentrationssteigerung erwiesen ist, sind die Folgen einer langfristigen Verabreichung umstritten, jedoch gibt es bisher keine belastbaren Hinweise auf eventuelle Spätschäden. Bekannt sind hingegen die bei allen Psychopharmaka auftretenden Symptome nach dem Absetzen, die die negative Symptomatik vor Eintritt der Behandlung verstärken. Deshalb wird von einer Langzeitbehandlung durch MPH zugunsten einer psychotherapeutischen Behandlung abgeraten.

Antisoziale oder dissoziale Persönlichkeitsstörung

Eine antisoziale oder dissoziale Persönlichkeitsstörung drückt sich bei Kindern, Jugendlichen und Erwachsenen als fortlaufende Missachtung gesellschaftlicher Normen und als eklatant mangelndes Einfühlungsvermögen in die Gefühle und die Gedankenwelt anderer aus. Diese Störung ist bei rund dreimal mehr Jungen bzw. Männern als bei Mädchen bzw. Frauen zu finden. Wie erwähnt, gibt es bei Kindern und Jugendlichen eine deutliche Überlappung mit ADHS – man schätzt, dass rund die Hälfte der Betroffenen mit einer diagnostizierten ADHS „in Wirklichkeit" unter einer antisozialen Persönlichkeitsstörung leidet.

Rund 5 % der Jungen zeigen Formen antisozialen Verhaltens, indem sie sich unangemessen laut und rüpelhaft aufführen, sich impulsiv verhalten und ständig dazwischenreden, über Tisch und Bänke springen, zu chronischem Lügen neigen und Klassenkameraden körperlich bedrohen oder angreifen, sie schikanieren, verleumden, erpressen. Gleichzeitig sind viele von ihnen typischerweise unbelehrbar und unerziehbar, haben deutliche Bindungsschwächen, eine geringe Frustrationstoleranz und eine erhöhte Reizbarkeit.

Allerdings muss man innerhalb der Gruppe verhaltensauffälliger Kinder solche unterscheiden, die ein auffälliges Verhalten vornehmlich zeigen, um die Aufmerksamkeit des Lehrers und der Mitschüler auf sich zu ziehen, aber nicht im eigentlichen Sinne psychisch gestört sind. Hier gibt es gute Verfahren, mit solchen Kindern im Unterricht umzugehen: Weder ignoriert der Lehrende diese Kinder (was ihre Bemühungen um Aufmerksamkeit nur steigern würde) noch verstärkt er ihr Verhalten durch Ermahnungen und Abstrafungen (was die Betroffenen nur in ihrer Auffassung bestärken würde, dass ihr Verhalten erfolgreich war). In aller Regel zeigt ein ruhiges, disziplinierendes und zugleich einfühlsames Vorgehen der Lehrenden relativ schnelle Erfolge. Hierauf wird in Abschnitt B dieses dritten Teils genauer eingegangen werden.

Etwa die Hälfte der verhaltensauffälligen Kinder hat hingegen ernsthafte psychische Störungen. Die psychiatrisch-psychologische und neurobiologische Forschung der letzten Jahre konnte zeigen, dass diese Störungen auf Defizite in der Stressverarbeitung, der Selbstberuhigung und der Bindungserfahrung zurückgehen, die wiederum zum Teil genetisch-epigenetischen Ursprungs sind und zum Teil durch vorgeburtliche oder früh-nachgeburtliche Traumatisierung und mangelnde Bindungssicherheit verursacht sind.

Der Lehrende muss in der Lage sein, diese beiden Gruppen auseinanderzuhalten. Stellt er fest, dass bei einigen „Störern" auch ein sachlich-gezielter Umgang keinerlei Wirkung zeigt, muss er unbedingt die Schulleitung informieren, die wiederum Schulpsychologen und Kinderpsychiater bzw. -therapeuten konsultiert.

Autismus

Der Begriff Autismus bezeichnet eine eher diffuse Kombination von Beeinträchtigungen in den Bereichen Wahrnehmung, Kognition/Intelligenz, sozial-emotionale Kommunikation und Sprache, die sich bei rund 1 % der Bevölkerung findet, vermehrt beim männlichen Geschlecht. Man unterscheidet zwischen einem frühkindlichen Autismus (auch Kanner-Syndrom genannt) und dem Asperger-Syndrom, das meist erst nach Ende des dritten Lebensjahres auftritt.

Kerndefizite beider Typen betreffen die Fähigkeit, mit anderen Menschen zu kommunizieren, ihre Gedanken, Gefühle und Absichten adäquat zu verstehen bzw. sich empathisch oder kognitiv in sie hineinzuversetzen. Blick- und Körperkontakte und Nähe zu Menschen werden von Autisten meist vermieden, soziale Beziehungen nicht ausgebaut. Hinzu kommen stereotype und ritualisierte Vorgehensweisen in nahezu allen Lebensbereichen bis hin zu zwanghaftem Fixieren von (aus Sicht der anderen) irrelevanten Details, dem starren Festhalten an sprachlichen Formulierungen, an Objektgebrauch oder an Handlungsabläufen. Auf Störungen solch starrer Abläufe und Situationen reagieren die Betroffenen oft mit panikartigen Reaktionen.

Beim frühkindlichen Autismus steht das völlige Ausbleiben bzw. die stark verzögerte Entwicklung des Sprachvermögens im Vordergrund, was typischerweise nicht durch einen erhöhten Gebrauch nicht-sprachlicher Kommunikation wie Blickkontakte, Stimmtönung, Mimik und Gebärden ausgeglichen wird. Oft beklagen sich Mütter darüber, dass ihre Kleinkinder auf ihre Zuwendungen überhaupt nicht reagieren, d. h. nicht zurücklächeln, sie nicht anschauen oder durch sie „hindurchschauen". Auch sind deutliche Formen geistiger Behinderung zu beobachten. Hinzu kommen oft deutliche bizarre Körperbewegungen (stereotypes Schaukeln mit dem Oberkörper) und Tendenzen zur Selbstverletzung.

Demgegenüber erscheinen Personen mit einem Asperger-Syndrom oft als normal, und ihre Defizite im sozial-kommunikativen Bereich wie das Vermeiden zu großer Nähe, unterentwickeltes Blick-, Mimik- und Gebärdenverhalten, Verletzungen sozialer Regeln werden oft erst nach und nach evident und meist als Egozentrik, Rücksichtslosigkeit und Gefühlskälte interpretiert. Entsprechenden Vorwürfen begegnen diese Personen meist mit Schweigen, was den negativen Gesamteindruck weiter verstärkt. Gespräche werden meist auf das absolut Notwendige oder besonders Nützliche beschränkt. Allerdings gelingt es manchen Patienten mit einem Asperger-Syndrom, ihre Defizite schauspielernd zu überdecken. Insgesamt herrscht weniger mangelnde Empathie vor als die Unfähigkeit, sich auf das Denken und Handeln der Mitmenschen einen Reim zu machen, also der Mangel an „Theory of Mind" (vgl. Förstl, 2012). Auch hier herrscht als Bewältigungsmittel für diese Probleme ein Leben in stereotypen Denk- und Handlungsgewohnheiten vor, oft kombiniert mit Inselbegabungen (s. oben).

Eine ganze Reihe von Merkmalen des Asperger-Syndroms findet sich auch bei anderen Behinderungen wie ADHS, Zwangserkrankungen, Borderline-Persönlichkeitsstörung, schizoider Persönlichkeitsstörung, Schizophrenie, Deprivationssyndrom bzw. Hospitalismus usw. Deshalb ist eine Differentialdiagnose oft schwierig.

Die Ursachen von Autismus sind weitgehend unklar. Zwillingsstudien und sonstige genetische Untersuchungen legen eine hohe Erblichkeit fest, und es wird auch hier ein polygenetisches Geschehen vermutet, d. h., mindestens mehrere Gene sind daran beteiligt. Die Funktion dieser Gene liegt offenbar im Bereich der Steuerung der Hirnentwicklung, insbesondere im Hinblick auf die Zellwanderung bei der Ausbildung der verschiedenen Areale des Stirnhirns oder im Hinblick auf die spezifische Verknüpfung von Nervenzellen in diesen Arealen. Hier dürften einerseits kognitive Bereiche wie der dorsolaterale präfrontale Cortex, andererseits limbisch-emotionale Areale wie der anteriore cinguläre Cortex und der insuläre Cortex betroffen sein. Die limbisch-emotionalen Areale sind spezifisch am Erkennen der Intentionen von Mitmenschen (also der „Theory of Mind“) und an der Fähigkeit zur Empathie beteiligt. Die Frage effektiver Therapieformen bei Autismus ist noch unbeantwortet.

Lernbehinderung und geistige Behinderung

Zwischen Lernbehinderung und geistiger Behinderung wird üblicherweise anhand der Ergebnisse eines Intelligenztests unterschieden. Auch wenn eine solche rigide Einteilung natürlich problematisch ist, spricht man bei einem IQ von 70 bis 85 von Lernbehinderung, bei einem IQ unter 70 von geistiger Behinderung.

Lernbehinderungen äußern sich in aller Regel in Lernschwierigkeiten in der Schule, in einer generellen Verzögerung der kognitiv-intellektuellen Entwicklung, in einem reduzierten Abstraktionsvermögen (die Kinder bleiben an nebensächlichen Details hängen), in Sprachentwicklungsschwierigkeiten, in autistische Merkmalen und in motorischen Störungen. Innerhalb der geistigen Behinderungen unterscheidet man leichte Behinderungen (IQ von 50 bis 69) mit einem Intelligenzalter von 9 bis 12 Jahren und guten Integrationsmöglichkeiten, mittelgradige Behinderungen (IQ von 35 bis 49) mit einem Intelligenzalter von 6 bis 9 Jahren und starkem Angewiesensein auf Unterstützung, schwere Behinderungen (IQ von 20 bis 34) mit einem Intelligenzalter von 3 bis 6 Jahren mit der Unfähigkeit, Lesen und Schreiben zu lernen oder eine allgemeinbildende Schule zu besuchen, und einem weitgehenden Angewiesensein auf fremde

Hilfe, sowie schwerste Behinderungen (IQ unter 20) mit einem Intelligenzalter unter 3 Jahren und einem völligen Angewiesensein auf Versorgung.

Während Lernbehinderungen vielerlei Ursachen haben können (s. oben), gehen geistige Behinderungen meist auf das Down-Syndrom zurück, das durch die „Trisomie 21" gekennzeichnet ist. Hierbei liegt das 21. der insgesamt 46 Chromosomen in der Regel in allen Körperzellen nicht in der üblichen doppelten Ausführung, sondern dreifach vor. Hintergrund ist eine Störung der sogenannten Reifeteilung (Meiose), deren Ursachen nicht genau bekannt sind. Die Wahrscheinlichkeit eines solchen genetischen Defizits steigt dramatisch mit dem Alter der Mutter an, und zwar von 0,1 % im Alter von 25 Jahren auf 0,3 % im Alter von 35, auf 1 % im Alter von 40 und auf 9 % im Alter von 48 Jahren. Dieser Anstieg deutet darauf hin, dass die Eizellen, die bekanntlich bereits bei der Geburt der Frau vorhanden sind, in ihren Zellteilungsmechanismen altern. Die allgemeine Häufigkeit des Down-Syndroms beträgt 0,2 %. Weitere Ursachen für geistige Behinderung sind Alkoholkonsum, Hirnhautentzündung, Unterernährung während der Schwangerschaft, was zu einem abnorm geringen Geburtsgewicht führt, sowie radioaktive Bestrahlung der Schwangeren oder Sauerstoffmangel während der Geburt.

Die Art körperlicher und geistig-psychischer Beeinträchtigungen ist vielfältig, und die jeweiligen Beeinträchtigungen können in allen erdenklichen Abstufungen auftreten, von Personen mit kaum erkennbaren Merkmalen des Down-Syndroms bis hin zu Personen mit schwersten Symptomen. Sensorische Defizite betreffen vornehmlich das Seh- und Hörsystem: Mehr als zwei Drittel leiden unter verschiedensten Sehstörungen, rund die Hälfte leidet unter Hörstörungen. Daneben gibt es Störungen in der Körpersensorik und der Bewegungskontrolle. Dagegen sind emotionale Störungen selten, die Betroffenen zeigen – oft deutlicher als andere Kinder – ein „freundliches Gemüt", sind offen und anhänglich und durch Musik positiv beeinflussbar.

Das Sprachverständnis ist meist gut entwickelt, während das Sprechen sowohl in der Lautbildung, dem Wortschatz, der Grammatik und der Syntax deutlich beeinträchtigt ist. Kinder mit Down-Syndrom neigen wie bei einer Broca-Aphasie zum „Telegramm-Stil" und zu einfachem Satzbau. Sie lernen jedoch schnell (im Gegensatz zu autistischen Kindern), diese Schwierigkeiten durch Gebärdensprache zumindest teilweise zu kompensieren. Sie sind jedoch auch in allen nicht-verbalen Kommunikationsweisen einschließlich des Blickkontaktes verlangsamt.

Inzwischen gibt es zahlreiche Therapiemethoden für Kinder mit Down-Syndrom, auf die hier nicht eingegangen werden kann. Besonders wichtig ist das möglichst frühe Sprachtraining einschließlich des Systems der gebärdenunterstützten Kommunikation. Wegen der großen Bandbreite in der Ausprägung der einzelnen Behinderungsformen ist für Kinder mit Lernbehinderungen und leichten geistigen Behinderung die Teilnahme am Unterricht in einer Regelschule durchaus zweckmäßig.

B Erfahrungen aus der Schulpraxis

Erste Einschätzung der Schüler einer neuen Lerngruppe

Wenn ich eine neue Klasse oder Lerngruppe übernehme, gebe ich mir in der Regel sechs bis neun Monate Zeit, um mir ein differenziertes Urteil über die Sozialkompetenzen, die Auffassungsgabe und die Leistungen der Lernenden zu bilden. Da ich weiß, dass die Leistungen der Lernenden maßgeblich durch die Persönlichkeit des Lehrenden beeinflusst werden, stelle ich mir bei der Übernahme einer neuen Klasse gar nicht die Frage, ob ein Schüler schlauer ist als ein anderer. Begabungs- und Intelligenzunterschiede im durchschnittlichen Bereich spielen daher zunächst nur eine untergeordnete Rolle. In den ersten Monaten des Kennenlernens geht es mir vielmehr darum, Auffälligkeiten im Verhalten frühzeitig zu erkennen und darauf zu reagieren, da sie dem Lernklima schaden und den Lernerfolg negativ beeinflussen. Ich muss schnellstmöglich die Störfaktoren und ihre Ursachen erkennen und geeignete Maßnahmen einleiten.

Auffälligkeiten und Maßnahmen

Um eventuelle Auffälligkeiten früh wahrzunehmen, achte ich bei jedem einzelnen Schüler insbesondere auf seine Lernstofferarbeitung, seine Mitarbeit und seine Zusammenarbeit mit anderen. Zwei weitere wichtige Indikatoren sind die Leistungserfassung in Form von Schulnoten und der Leistungsvergleich, d. h. die Beobachtung der Leistungsentwicklung über kürzere oder längere Zeitabschnitte hinweg. Hilfreich für die Einschätzung des Schülers sind aber auch Leistungen, die er außerhalb der Schule erbringt und die den schulischen Leistungen gegenüberstellt werden sollten. Auch Beobachtungen außerhalb der Unterrichtsstunden spielen hier eine wesentliche Rolle, ebenso wie die Aussagen der Lernenden selbst und die Informationen, die Eltern und Angehörige, Lehrer, Fachleute und Mitlernende geben.

Die beiden nachfolgenden Tabellen geben einen Überblick darüber, welche Beobachtungen im Hinblick auf Begabung und Intelligenz und Verhalten als Auffälligkeiten zu werten sind.

Beobachtungskriterien in Bezug auf Begabung und Intelligenz	Überdurchschnittliche Begabung oder Hochbegabung?	Unterdurchschnittliche Begabung oder Minderbegabung?
Lerntempo	hoch	sehr langsam
Auffassungsgabe	schnell	sehr langsam
sprachliches Niveau	hoch	niedrig
Wortschatz	ausgeprägt	gering
Allgemeinwissen	ausgeprägt	sehr gering
Gedächtnisleistung	extrem hoch	niedrig
Abstraktionsvermögen	hoch	nicht vorhanden
Logisches Denken	ausgeprägt	nicht vorhanden
Transferleistung	ausgeprägt	nicht vorhanden
Nachfragen/Wissbegierde	hoch	nicht vorhanden
Entdecken komplexer Zusammenhänge	schnell	nicht zu beobachten
Arbeitswege/Lösungswege	außergewöhnliche	keine
Schulische/außerschulische Interessen	viele	keine
Vergleich schulischer und außerschulischer Leistungen	auffallend bessere außerschulische als schulische Leistungen	keine Unterschiede, falls überhaupt außerschulische Leistungen erbracht werden
Bewältigung unterrichtlicher Anforderungen	ja, trotz mangelnder Mitarbeit und/oder Desinteresse und/oder Einschränkungen	nein, trotz Bemühungen und/oder Hilfen

Tabelle 7: Beobachtungskriterien in Bezug auf Begabung und Intelligenz

Beobachtungskriterien in Bezug auf das Verhalten	Auffälligkeiten, auf die ich reagiere und die zu Maßnahmen führen (können)
Psychische Entwicklung	fortgeschritten, zurückgeblieben
Verhalten	unruhig, aggressiv, gewalttätig, Gewalt androhend, provozierend, unangemessen fordernd, kriminell, verweigernd, störend, überangepasst, stark zurückgenommen, gehemmt, teilnahmslos, übermüdet, kränklich, häufiges Zuspätkommen, häufiges Fehlen, wiederholtes Fehlen zu immer gleichen Zeiten, häufige Streitigkeiten, häufige Regelverletzungen, Schulvermeidung, häufiges Vergessen von Arbeitsmaterialien, Leistungsabfall, Gesprächsverweigerung, Suchtsymptome
Umgangssprache	vulgär, unverständlich, fehlerhaft

Tabelle 8: Beobachtungskriterien in Bezug auf das Verhalten

Wenn mir ein Schüler in einem oder mehreren der o. g. Punkten auffällt oder wenn in Teambesprechungen Kollegen von entsprechenden Beobachtungen berichten, entscheide ich – häufig gemeinsam mit dem Klassenteam – über Maßnahmen, die im jeweiligen Fall zu treffen sind:

Eine erste Maßnahme sollte immer das Gespräch mit den betroffenen Schülern und gegebenenfalls mit den Eltern sein. Indem ich im Gespräch vorrangig die Rolle des interessierten Zuhörers und Hinterfragers einnehme, kann ich die meisten Probleme schon früh identifizieren und habe die Möglichkeit, präventiv einzugreifen. Führen solche Gespräche nicht zum gewünschten Erfolg, was insbesondere bei Lern- und Verhaltensstörungen häufig der Fall ist, so kommen in einer nicht zwingend durchzuführenden Abfolge folgende Maßnahmen infrage:

- Förderung und Unterstützung innerhalb und außerhalb des Unterrichts;
- erhöhte Anforderungen innerhalb des Unterrichts und – soweit vorhanden – Angebote innerschulischer und außerschulischer Arbeitsgemeinschaften oder Kurse;
- Hinzuzuziehen/Einbeziehen von Mitgliedern der Fach-, Jahrgangs-, Schulleitung und aus dem sozialpädagogischen Bereich;
- Zurateziehen von Fachleuten und Vermittlung von Gesprächen mit Pädagogen oder Therapeuten;

- pädagogische Maßnahmen, die das Ziel haben, Einsicht in ein Fehlverhalten zu entwickeln;
- Verhaltensabsprachen und Verhaltensvereinbarungen;
- disziplinierende Schritte, die das Ziel haben, Einsicht in ein Fehlverhalten zu entwickeln;
- Ordnungsmaßnahmen, wenn präventiv-pädagogische Maßnahmen nicht zum Erfolg geführt haben.

Heterogenität von Lerngruppen

In heterogenen Lerngruppen stoße ich sehr schnell an Grenzen, was meinen Anspruch betrifft, allen Lernenden gerecht zu werden. Je unterschiedlicher das Leistungsvermögen und die Lerntypen sind, desto differenzierter und vielfältiger muss der Unterricht vorbereitet und durchgeführt werden. Insbesondere wenn die Unterrichtsstunden auf 45 oder 90 Minuten begrenzt sind, kann ich den Unterricht lediglich auf zwei, maximal drei Anspruchsniveaus durchführen. Hinzu kommen die notwendigen individuellen Hilfen und Erklärungen für die Schwächeren und der eine oder andere zusätzliche Arbeitsauftrag für die Stärkeren. Eine über diese Form der Differenzierung hinausgehende individuelle Betreuung ist in den meisten Unterrichtsphasen nicht praktikabel – allerdings gibt es verschiedene Möglichkeiten, Unverstandenes in einem anderen Rahmen noch einmal zu erklären oder verständlich zu machen. Dazu eignen sich Unterrichtsmethoden wie Lehrerinstruktion, Einzel-, Partner- und Gruppenarbeit. Außerdem gibt es immer wieder leistungsstärkere Schüler, die gerne dort einspringen, wo Hilfe oder Tipps benötigt werden. Als Helfer können sie erforderliche Grundkenntnisse, Grundlagen und einfache Zusammenhänge erklären.

Fallbeispiel: *Eine „ganz normale" Klasse in der 8. und 9. Jahrgangsstufe*

Am Beispiel einer Klasse einer Kollegin möchte ich die Ausprägung der Heterogenität innerhalb einer Lerngruppe veranschaulichen. Die Klassenstärke lag im Durchschnitt bei 23 Schülern. Durch Ab- und Zugänge haben insgesamt 28 Lernende die Klasse in der 8. und 9. Jahrgangsstufe besucht.

Anzahl der Schüler	Begabung, Auffassungsgabe, Intelligenz, Lernverhalten, Lern- und Verhaltensauffälligkeiten, sozialer Hintergrund, Maßnahmen
fünf Schüler	durchschnittlich begabt, schnelle Auffassungsgabe, große Lern-, Leistungs- und Anstrengungsbereitschaft, keine Lern- oder Verhaltensauffälligkeiten
vier Schüler	durchschnittlich begabt, langsame Auffassungsgabe, gute Lern-, Leistungs- und Anstrengungsbereitschaft, keine Lern- oder Verhaltensauffälligkeiten
drei Schüler	unterdurchschnittlich begabt, keine Lern-, Leistungs- und Anstrengungsbereitschaft, Konzentrationsschwierigkeiten, Lernauffälligkeiten (Schulvermeidung), Teilnahme am Förderunterricht in mehreren Fächern, große familiäre Probleme, Schüler- und Elterngespräche, Einbeziehung von Sozialpädagogik, Jahrgangsleitung, Schulleitung und schulpsychologischem Dienst, Schulwechsel
ein Schüler	überdurchschnittlich begabt, schnelle Auffassungsgabe, besonders in zwei Fächern, große Lern-, Leistungs- und Anstrengungsbereitschaft, geringe Deutschkenntnisse, Verständigungsschwierigkeiten, Beratungsgespräche, Teilnahme am Förderunterricht
ein Schüler	durchschnittlich begabt, in zwei Fächern sehr begabt, schnelle Auffassungsgabe, gute Lernbereitschaft, geringe Leistungs- und Anstrengungsbereitschaft, Schüler- und Elterngespräche, Verhaltensabsprachen, Einbeziehung der Sozialpädagogik
ein Schüler	überdurchschnittlich begabt, schnelle Auffassungsgabe, große Lern-, Leistungs- und Anstrengungsbereitschaft, Verhaltensauffälligkeiten (aggressiv, dominant, gewaltbereit, gewalttätig, kein Unrechtsbewusstsein), Schüler- und Elterngespräche, Einbeziehung von Sozialpädagogik, Jahrgangsleitung, Schulleitung und schulpsychologischem Dienst, Verhaltensabsprachen, Disziplinierungsmaßnahmen

Anzahl der Schüler	Begabung, Auffassungsgabe, Intelligenz, Lernverhalten, Lern- und Verhaltensauffälligkeiten, sozialer Hintergrund, Maßnahmen
ein Schüler	durchschnittlich begabt, langsame Auffassungsgabe, gute Lernbereitschaft, geringe Leistungs- und Anstrengungsbereitschaft, Lern- und Verhaltensauffälligkeiten (keine Gesprächsbeteiligung im Unterricht), Schüler- und Elterngespräche
ein Schüler	durchschnittlich begabt, gute Auffassungsgabe, geringe Lern-, Leistungs- und Anstrengungsbereitschaft, zeitweise große Konzentrationsschwierigkeiten, Verhaltensauffälligkeiten (Regelverletzungen, kein Unrechtsbewusstsein, überzogenes Selbstbewusstsein), inkonsistente elterliche Erziehung, Schüler- und Elterngespräche, Einbeziehung von Sozialpädagogik, Jahrgangsleitung und Schulleitung, Verhaltensabsprachen, Disziplinierungsmaßnahmen
ein Schüler	durchschnittlich begabt, langsame Auffassungsgabe, keine Lern-, Leistungs- und Anstrengungsbereitschaft, Konzentrationsschwierigkeiten, Leistungs- und Verhaltensauffälligkeiten (vorgetäuschte Lernbereitschaft, Regelverletzungen, vorgetäuschtes Unrechtsbewusstsein), inkonsistente elterliche Erziehung, Schüler- und Elterngespräche, Einbeziehung von Sozialpädagogik, Jahrgangsleitung und Schulleitung, Verhaltensabsprachen, Disziplinierungsmaßnahmen
ein Schüler	durchschnittlich begabt, langsame Auffassungsgabe, keine Lern-, Leistungs- und Anstrengungsbereitschaft, Konzentrationsschwierigkeiten, Verhaltensauffälligkeiten (aggressiv, Regelverletzungen, Mobbing, kein Unrechtsbewusstsein), inkonsistente elterliche Erziehung, Schüler- und Elterngespräche, Einbeziehung von Sozialpädagogik, Jahrgangsleitung, Schulleitung und schulpsychologischem Dienst, Verhaltensabsprachen, Disziplinierungsmaßnahmen
ein Schüler	durchschnittlich begabt, gute Auffassungsgabe, gute Lern-, Leistungs- und Anstrengungsbereitschaft, Verhaltensauffälligkeiten (viele Fehlzeiten, stark zurückgenommen), familiäre Probleme, Opfer von Mobbing, Schüler- und Elterngespräche, Einbeziehung der Sozialpädagogik und Jahrgangsleitung, außerschulische Therapie

Anzahl der Schüler	Begabung, Auffassungsgabe, Intelligenz, Lernverhalten, Lern- und Verhaltensauffälligkeiten, sozialer Hintergrund, Maßnahmen
ein Schüler	durchschnittlich begabt, langsame Auffassungsgabe, keine Lern-, Leistungs- und Anstrengungsbereitschaft, massive Konzentrationsschwierigkeiten, Verhaltensauffälligkeiten (Schulvermeidung, Arbeitsverweigerung, sehr häufige Unterrichtsversäumnisse), massive familiäre Probleme, Eltern mit Erziehung überfordert, Schüler- und Elterngespräche, Einbeziehung von Sozialpädagogik, Jahrgangsleitung, Schulleitung, schulpsychologischem Dienst, Verhaltensabsprachen, außerschulische Therapie, Schulwechsel
ein Schüler	durchschnittlich begabt, langsame Auffassungsgabe, geringe Lern-, Leistungs- und Anstrengungsbereitschaft, Konzentrationsschwierigkeiten, Verhaltensauffälligkeiten (Unterrichtsvermeidung, Mobbing, Regelverletzungen), große familiäre Probleme, inkonsistente elterliche Erziehung, Schüler- und Elterngespräche, Einbeziehung der Sozialpädagogik und Jahrgangsleitung, Verhaltensabsprachen
ein Schüler	durchschnittlich begabt, in einem Fach sehr begabt, schnelle Auffassungsgabe, geringe Lern-, Leistungs- und Anstrengungsbereitschaft, teilweise große Konzentrationsschwierigkeiten, Verhaltensauffälligkeiten (Arbeitsverweigerungen, Unterrichtsvermeidung, gewaltbereit und gewalttätig, Regelverletzungen, kein Unrechtsbewusstsein), massive familiäre Probleme, Eltern mit Erziehung überfordert, Schüler- und Elterngespräche, Einbeziehung von Sozialpädagogik, Jahrgangsleitung, Schulleitung und schulpsychologischem Dienst, Verhaltensabsprachen, Disziplinierungsmaßnahmen
ein Schüler	minderbegabt, langsame Auffassungsgabe, lernschwach, keine Leistungs- und Anstrengungsbereitschaft, Verhaltensauffälligkeiten (Suchtverhalten, starke Selbstüberschätzung, Regelverletzungen, aggressiv), keine erkennbare elterliche Erziehung, Schüler- und Elterngespräche, Einbeziehung der Sozialpädagogik und Jahrgangsleitung, Verhaltensabsprachen, Disziplinierungsmaßnahmen, Ordnungsmaßnahmen

Anzahl der Schüler	Begabung, Auffassungsgabe, Intelligenz, Lernverhalten, Lern- und Verhaltensauffälligkeiten, sozialer Hintergrund, Maßnahmen
ein Schüler	minderbegabt, langsame Auffassungsgabe, lernschwach, keine Leistungs- und Anstrengungsbereitschaft in fünf Lernfächern, Verhaltensauffälligkeiten (starke Selbstüberschätzung, Regelverletzungen, gewaltbereit und aggressiv gegenüber Schülern, lügt), inkonsistente elterliche Erziehung, Schüler- und Elterngespräche, Einbeziehung der Sozialpädagogik, Jahrgangsleitung und Schulleitung, Verhaltensabsprachen, Teilnahme an einem außerschulischen Projekt, Disziplinierungsmaßnahmen, Ordnungsmaßnahmen
ein Schüler	durchschnittlich begabt, langsame Auffassungsgabe, große Lern-, Leistungs- und Anstrengungsbereitschaft, Verhaltensauffälligkeiten (Suchtverhalten, Selbstüberschätzung, Regelverletzungen, unterschwellig aggressiv), massive familiäre Probleme, Eltern mit Erziehung überfordert, Schüler- und Elterngespräche, Einbeziehung der Sozialpädagogik und Jahrgangsleitung, Verhaltensabsprachen, innerschulische Sozialbetreuung
ein Schüler	durchschnittlich begabt, in einem Fach sehr begabt, teilweise schnelle Auffassungsgabe, geringe Lern-, Leistungs- und Anstrengungsbereitschaft, Verhaltensauffälligkeiten (Unterrichts- und Schulvermeidung von den Eltern gedeckt), inkonsistente elterliche Erziehung, Schüler- und Elterngespräche, Einbeziehung der Sozialpädagogik und Jahrgangsleitung
ein Schüler	durchschnittlich begabt, schnelle Auffassungsgabe, große Lern-, Leistungs- und Anstrengungsbereitschaft, massive Konzentrationsschwierigkeiten, Verhaltensauffälligkeiten (unruhig, vorlaut, störend, impulsiv, starkes Gerechtigkeitsempfinden), massive familiäre Probleme, Schüler- und Elterngespräche, Einbeziehung der Sozialpädagogik, Jahrgangsleitung, Verhaltensabsprachen, Schulwechsel

Tabelle 9: Heterogenität innerhalb meiner „ganz normalen" Klasse

Von 28 Lernenden waren damit meiner Einschätzung nach 21 durchschnittlich begabt, drei unterdurchschnittlich begabt, zwei minderbegabt, zwei überdurchschnittlich begabt, zwei mit einer „Inselbegabung" in einem Fach, sieben aggressiv, gewalttätig, impulsiv, fünf Unterrichts- oder Schulvermeider, fünf mit sonstigen Verhaltensauffälligkeiten, 15 eher lern-, leistungs- und anstrengungsbereit, 13 eher lern-, leistungs-, und anstrengungsunwillig, neun in schwierigen familiären Verhältnissen aufgewachsen, acht unter antiautoritärer oder nicht konsistenter Erziehung aufgewachsen, fünf in einem oder mehreren Unterrichtsfächern auf Förderung angewiesen, neun auf außerschulische psychologische oder behördliche Hilfe angewiesen.

Diese Auflistung macht deutlich, wie inhomogen die Lerngruppe war, wie differenziert das Klassenteam auf die verschiedenen Lernenden mit ihren Fähigkeiten, Schwächen, Einschränkungen und Störungen eingehen mussten und welche speziellen Maßnahmen die meisten Auffälligkeiten erforderten.

Intelligenz- und Begabungsunterschiede

Um die Schüler angemessen fordern und fördern zu können, ist es notwendig, ihre Intelligenz und Begabung früh zu erkennen und entsprechend zu berücksichtigen.

Erkennen von Intelligenz- und Begabungsunterschieden

Es ist eine wichtige pädagogische (und psychologische) Aufgabe, Intelligenz und Begabung der Lernenden auf respektvolle und nicht-diskriminierende Weise festzustellen und zu berücksichtigen. Nur durch das rechtzeitige Erkennen, die gezielte Förderung und das Herausfordern der Lernenden kann ich eine Über- oder Unterforderung verhindern und die Lernmotivation, die Anstrengungsbereitschaft und damit den Lernerfolg erhöhen.

Ob jemand begabt ist, besondere Leistungsstärken zeigt, eine schnelle Auffassungsgabe hat, lernschwach oder minderbegabt ist, kann ich in einer neuen Lerngruppe erst dann abschätzen, wenn ich ausreichend Zeit hatte, den Lernenden bei den unterschiedlichen Unterrichtsthemen zu beobachten und sein Denken und Handeln zu erfassen. Die in der Regel im Laufe eines halben Jahres gesammelten Eindrücke bilden dann die Grundlage für unterstützende Maßnahmen, die in Ergänzung zum normalen Unterricht erfolgen sollten.

In einer neuen Lerngruppe erlebe ich häufig, dass sich Lernende, die bisher nicht so gut zurechtgekommen waren, in meinem Unterricht besonders anstrengen, erfolgreich mitarbeiten, aber – insbesondere wenn die Lücken im Vorwissen groß sind – nicht immer auch sofort ihre Leistungen verbessern können. Andererseits gibt es Lernende, die den Wechsel von einer „geliebten" Lehrkraft zu mir als Verlust ansehen und sich mir gegenüber ablehnend und abweisend verhalten. Ihnen gebe ich Zeit und versuche, aufmerksam und sensibel mit ihnen umzugehen, damit sie sich an mich und meinen Unterrichtsstil gewöhnen können. Eine erste aussagekräftige Leistungsbeurteilung ist daher erst zeitversetzt möglich, auch die ersten Klassenarbeiten spiegeln nicht unbedingt die wirkliche Leistungsstärke wider, ein Umstand, den ich Eltern immer wieder zu erklären versuche.

Wichtig ist, aus bestimmten Beobachtungen nicht vorschnell Leistungs-, Begabungs- oder Verhaltensbeurteilungen abzuleiten:

- Schwache Leistungen und Lernschwierigkeiten können ein Ausdruck außerunterrichtlicher und außerschulischer Probleme sein; entsprechend interpretiere ich sie nicht vorschnell als Leistungs- oder Lernschwäche.
- Schwache Leistungen müssen nicht unbedingt im Zusammenhang mit einer Leistungs- oder Lernschwäche stehen, sondern können insbesondere bei sehr kreativen Lernenden ein Ausdruck fehlenden Interesses sein.
- Hyperaktivitäten, Auffälligkeiten im Sozialverhalten, Desinteresse, Beschäftigung mit anderen Dingen und Leistungsverweigerung im Unterricht können ein Anzeichen einer Verhaltensstörung, aber auch einer Unterforderung aufgrund einer Hochbegabung sein.
- Angepasste Lernende können trotz durchschnittlicher Leistungen hochbegabt sein. Sie möchten jeden Eindruck vermeiden, begabt zu sein, um nicht aufzufallen, und stellen sich daher unwissender, als sie eigentlich sind. In diesem Zusammenhang sind mir mehr Schülerinnen als Schüler mit besonderen mathematischen Begabungen aufgefallen, die übertrieben bescheiden waren.
- Auch sehr leistungsschwache Lernende können innerhalb weniger Jahre leistungsstärker werden.

Fallbeispiel 1: *Jarek, ein anfangs im Sozialverhalten auffälliger, aber hochbegabter Schüler*

Jarek fiel seinem Klassenlehrer und mir als seinem Sportlehrer auf, weil er nach der Aufnahme in die 6. Klasse häufig seine Mitschüler ärgerte, indem er sie kniff oder anstieß und ohne ersichtlichen Grund im Sportunterricht und in den Pausen mit Gegenständen gegen Wände und Zäune schlug. Trotz unserer Ermahnungen ließ er nicht davon ab und machte daraus sogar ein Spiel. Er agierte so versteckt, dass wir ihm sein Verhalten nie richtig nachweisen konnten. Er beeinflusste seine Mitschüler so, dass sie ihn nicht verpetzten. Nach etwa einem halben Jahr ließen diese Auffälligkeiten nach. Jarek erzählte uns später, dass er mit dem Wechsel in die neue Schule und den vielen neuen Menschen nicht zurechtgekommen sei. Statt erst alle und alles kennenzulernen, habe er sich lieber gleich mit den Unterrichtsinhalten auseinandersetzen wollen. Jarek schloss die Mittelstufe in fast allen Fächern, mit der Note sehr gut ab und brillierte ebenso an der gymnasialen Oberstufe.

Fallbeispiel 2: *Oda, eine unauffällige, aber hochbegabte Schülerin*

In der 8. Jahrgangsstufe übernahm ich eine Lerngruppe im Fach Mathematik. Im Laufe der Zeit stellte sich heraus, dass eine Schülerin dieser Lerngruppe, Oda, hochbegabt war und den Anforderungen spielend gerecht wurde. Dem Unterricht folgte sie unauffällig, machte regelmäßig ihre Hausaufgaben, beteiligte sich aber so gut wie nie an den Unterrichtsgesprächen. In den Klassenarbeiten fehlte meist eine Aufgabe, die sie angeblich aus Zeitnot nicht mehr geschafft hatte. Beim Gehen durch die Schülerreihen stellte ich fest, dass sie immer sehr schnell und mit zum Teil überraschenden Lösungswegen einen Teil der Aufgaben der Arbeitsblätter bearbeitete. Darauf angesprochen, war sie eher verlegen und tat sich schwer, mit mir darüber zu reden. Ihre Nachbarinnen erzählten mir, Oda wolle nicht so gerne im Mittelpunkt stehen und halte sich deshalb lieber zurück. Später erfuhr ich, dass sie in der gymnasialen Oberstufe den Leistungskurs Mathematik mit 15 Punkten abgeschlossen hat.

Fallbeispiel 3: *Klara, eine Spätentwicklerin*

Klara kam in der Grundschule mit den Leistungsanforderungen in den Fächern Lesen/Schreiben und Mathematik nicht zurecht und hatte große Schwierigkeiten, sich in den Klassenverband zu integrieren. Den Eltern wurde daher Klaras Besuch eines Förderzentrums angeraten. Dort als sehr lernschwach und nur gering begabt eingestuft, entwickelte sie sich allerdings so positiv, dass sie zu Beginn der 5. Jahrgangsstufe zurück in die Regelschule und in meinen Unterricht kam.

Wir stellten relativ schnell fest, dass sie lernbereit und interessiert war und über eine deutliche Begabung in den mathematisch-naturwissenschaftlichen Fächern und in Arbeitslehre verfügte. Defizite zeigte sie allerdings in den sprachlichen Fächern und bei der Arbeitshaltung. Zudem hatte sie Wissenslücken, konnte sich nur schwer konzentrieren, war unruhig und störte oft den Unterricht.

Eine sozialpädagogische Kraft und ich führten in den ersten Wochen wiederholt Gespräche mit ihr. Wir hoben ihre guten Leistungen hervor und bestärkten sie darin, nicht nachzulassen. Zusammen mit Klara suchten wir nach Wegen, wie sie ihre Defizite aufarbeiten konnte. Dazu verabredeten wir die Teilnahme an einer schulinternen zweistündigen Hausaufgabenbetreuung pro Woche, um mit der Unterstützung von Studierenden an den Wissenslücken arbeiten zu können. Außerdem wurden regelmäßige Treffen zur sozialen Begleitung und psychologischen Unterstützung mit der sozialpädagogischen Kraft vereinbart. In regelmäßigen Gesprächen mit den Eltern warben wir um ihre Mitarbeit bei der Erstellung und Kontrolle der Hausaufgaben.

Sowohl die Teilnahme an der Hausaufgabenbetreuung als auch die Treffen bei der Sozialbetreuung konnten über drei Jahre aufrechterhalten werden. Klara konnte in dieser Zeit ihre Leistungen in den sprachlichen Fächern deutlich verbessern und ihr Wissen dem altersgemäßen Stand anpassen. Sie entwickelte sich zu einer durchschnittlichen, in Mathematik überdurchschnittlichen Schülerin, mit deren Fleiß und Anstrengungsbereitschaft wir allerdings nie so richtig zufrieden waren.

Trotz ihrer eingeschränkten Leistungen in den sprachlichen Fächern erhielt sie wegen ihrer guten mathematischen Kenntnisse und ihrer handwerklichen Fähigkeiten und Fertigkeiten frühzeitig einen Ausbildungsplatz.

Fallbeispiel 4: *Edna, eine Einwanderin mit geringen Deutschkenntnissen*

Edna war eine überdurchschnittlich begabte Schülerin mit schneller Auffassungsgabe insbesondere in den naturwissenschaftlichen Fächern. Als sie in der 8. Jahrgangsstufe in die Klasse kam, lebte sie erst kurze Zeit in Deutschland und hatte daher nur sehr geringe Deutschkenntnisse. Trotz der Verständigungsschwierigkeiten nahm sie am regulären Unterricht teil. Durch die Teilnahme an einem wöchentlichen, mehrstündigen Deutsch-Förderunterricht holte sie ihre Sprachdefizite enorm schnell auf und schaffte den Übergang in die gymnasiale Oberstufe.

Berücksichtigen von Intelligenz- und Begabungsunterschieden

Intelligenz- und Begabungsunterschiede scheinen bei heutigen Lernenden stärker vorhanden zu sein als in früheren Jahren. Eine Ursache dafür könnten die größer werdenden Unterschiede bei der Motivation und der Anstrengungsbereitschaft sein. So ist es in meinem Schulalltag nicht ungewöhnlich, in Lerngruppen eine breite Streuung von Minderbegabten bis zu Hochbegabten und von hoch Motivierten bis zu völlig Desinteressierten zu haben. Merkbare Intelligenz- und Begabungsunterschiede zwischen den Geschlechtern sind mir dabei nicht aufgefallen, allerdings gibt es Unterschiede zwischen ihnen in Bezug auf Fleiß und Lernmotivation: diese sind bei Schülerinnen deutlich häufiger anzutreffen.

Im Umgang mit Intelligenz-und Begabungsunterschieden berücksichtige ich die folgenden Grundsätze:

- Den Lernschwächeren gebe ich mehr Zeit für die Bewältigung der Arbeits- und Lösungswege, was bei Unterrichtsstunden von 45 oder 90 Minuten Länge allerdings nur schwer zu realisieren ist.
- Wenn es schulorganisatorisch möglich ist, bekommen die Lernschwächeren zusätzliche Förderstunden pro Woche.
- Ich bestärke die Lernenden immer wieder darin, dass sich der Einsatz und die Anstrengung des Lernens für sie lohnt.
- Ich gebe den schlechter Lernenden immer wieder eine Chance, sei es durch das Nachholen von Haus- und Übungsaufgaben oder durch das Anfertigen von zusätzlichen Beiträgen oder Ausarbeitungen. So haben sie immer die Möglichkeit, sich (wieder) zu verbessern.
- Ich bemühe mich, die Lernenden nicht vorschnell einzuordnen, sondern sie immer individuell zu betrachten und breit zu beurteilen. Meiner Erfahrung nach gibt es viele, die sich erst spät entwickeln und mit Einsatz und Interesse zu lernen beginnen.
- Maßnahmen bespreche ich stets mit den Eltern und hoffe so auf ihre Unterstützung und Mitarbeit.
- Nicht nur Begabung und Intelligenz spielen für mich eine Rolle, sondern auch Leistungs-, Lern- und Anstrengungsbereitschaft, Fleiß, Wissensverarbeitung, kulturelles Verständnis und die Präsentation von Gelerntem.
- Ich bemühe mich, den Lernenden vielfältige Anregungen zu geben, so dass ihnen das Lernen auch Freude bereitet.

- Eine Bereicherung für den Unterricht ist das intensive Interesse an Lernthemen oder anderen nicht im Lehr- bzw. Rahmenplan vorgesehenen Inhalten.
- Die von mir vorgestellten Arbeits- und Lösungswege sind für die Lernenden nicht zwingend. Sie können selbstverständlich auch eigene Lösungswege finden und benutzen. Auch hierzu fehlt im herkömmlichen Unterricht mit einen Stundendauer von 45 oder 90 Minuten oft die Zeit.

Intelligenz- und Begabungsunterschieden kann ich im schulischen Alltag durch eine Unterrichtsvermittlung auf maximal vier Niveaus begegnen. Das **erste Niveau** umfasst die Förderung von minderbegabten, lernschwachen oder extrem langsam arbeitenden und lernenden Schülern. Sie erhalten von mir zusätzliches Fördermaterial und spezielles auf ihr Leistungsniveau abgestimmtes Arbeitsmaterial, soweit sie nicht an einem gesonderten Förderunterricht teilnehmen. Zudem erhalten sie deutlich mehr Zeit zum Erlernen des Lernstoffs und zum Bewältigen von Aufgaben.

Auf dem **zweiten Niveau**, der Grundstufe (G-Niveau der Fachleistungsdifferenzierung), unterrichte ich eher leistungsschwache oder langsam arbeitende und lernende Schüler, die aber durchaus in Teilgebieten zu besseren Leistungen fähig sind. Das **dritte Niveau** ist die Erweiterungsstufe (E-Niveau der Fachleistungsdifferenzierung) und erfasst die Lernenden, die mit erweiterten Anforderungen arbeiten oder schnell lernen können. Bei ihnen können durchaus Schwächen in Teilgebieten vorkommen.

Auf dem **vierten Niveau** arbeite ich mit denjenigen, die im Ganzen oder in Teilbereichen auf sehr hohem Niveau arbeiten können oder sehr schnell lernen können. Sie erhalten von mir Freiraum für eigenständiges Arbeiten und genießen mit Einverständnis ihrer Mitschüler Freiheiten, zum Beispiel im Hinblick auf die Anfertigung von Hausaufgaben oder das Vorziehen von Aufgaben und Lerninhalten. Sie müssen dafür aber vermehrt komplexe, problembeschreibende und Transferaufgaben bearbeiten und deren Arbeitswege und Lösungswege verständlich vermitteln. Zum anderen müssen sie bereit sein, den Mitlernenden zu helfen und sie zu unterstützen.

Zusätzlich zu den vier Niveaus gibt es in meinem Unterricht eine **Ebene der niveauübergreifenden Zusammenarbeit.** Langsam und schnell Lernende kooperieren auf dieser Ebene. Die Langsameren profitieren von dem Wissen und Können der Schnelleren. Anderseits erfüllen die Schnelleren eine wichtige soziale

Aufgabe, indem sie verständliche und nachvollziehbare Arbeits- und Lösungswege aufzeigen. Ein Nebeneffekt dieser Zusammenarbeit besteht darin, dass die helfenden und unterstützenden Mitschüler oftmals eine Sprache verwenden, die für Lernschwächere verständlicher ist als meine. Ich staune dann immer wieder und freue mich über die so erzielten Erfolge.

Fallbeispiel: *Differenzierung auf vier Niveaus in einer Lerngruppe in der 8. Jahrgangsstufe*

Im schulischen Unterricht wird zwischen zwei Formen der Leistungsdifferenzierung unterschieden. Die erste Form ist die **äußere Differenzierung**. Hier werden die Schüler mehrerer Klassen nach ihrem Leistungsniveau in Gruppen zusammengefasst und getrennt unterrichtet. Eine Gruppe arbeitet auf dem grundlegenden, eine andere auf dem erweiterten Anforderungsniveau. Die **innere Differenzierung** oder **Binnendifferenzierung** als zweite Form belässt die Schüler der Gruppen im Klassenverband. Die Differenzierung findet innerhalb der Lerngruppe statt. Es lernen also alle Leistungsstärken gemeinsam.

In einem 8. Jahrgang stand ich im Fach Mathematik vor der Situation, Schüler binnendifferenziert zum Thema „Funktionale Zusammenhänge" zu unterrichten. Aufgrund der Unterschiede innerhalb der Lerngruppe in Bezug auf Begabung, Lerntyp, Vorkenntnisse sowie Stärken und Schwächen musste ich den Unterricht in dieser Lerngruppe für vier Niveaus vorbereiten und durchführen.

Laut dem von der bremischen Schulbehörde zum damaligen Zeitpunkt (Der Senator für Bildung und Wissenschaft, 2006) vorgegebenen **Grundanforderungsniveau** sollten die Schüler funktionale Zusammenhänge mit eigenen Worten, in Wertetabellen und Graphen darstellen, zwischen den Darstellungen wechseln und Graphen verschiedener funktionaler Zusammenhänge interpretieren. Sie sollten proportionale Zusammenhänge und Eigenschaften proportionaler Funktionen erkunden und Vermutungen aufstellen. Zur Bearbeitung von Problemstellungen sollten sie proportionale und antiproportionale Funktionen nutzen. Etwa ein Drittel der Lerngruppe konnte diese Grundanforderungen bewältigen.

In dem von der bremischen Schulbehörde vorgegebenen **erweiterten Anforderungsniveau** sollten die Schüler funktionale Zusammenhänge in Termen darstellen und die Vorteile, Nachteile und Grenzen der Darstellungen benennen und Terme linearer Funktionen interpretieren. Sie sollten Eigenschaften nicht-linearer Funktionen erkunden und Vermutungen aufstellen. Zur Bearbeitung von Problemstellungen sollten sie lineare und nicht-lineare Funktionen nutzen. Die erweiterten Anforderungen wurden neben den Grundanforderungen verlangt. Etwa die Hälfte der Lerngruppe konnten das erweiterte Anforderungsniveau bewältigen.

In der Lerngruppe befanden sich darüber hinaus **drei Schülerinnen und Schüler mit erhöhtem Förderbedarf**, die zwar an einer zweistündigen gesonderten Fördermaßnahme pro Woche außerhalb des Fachunterrichts teilnahmen, denen ich das Thema aber nur ansatzweise näherbringen konnte. Ihnen mussten zunächst einmal Grundkenntnisse wie Koordinaten, Achsenkreuz, Tabellen, Linearität und Proportionalität vermittelt werden, darüber hinaus bedurften sie einer ständigen Begleitung in Form von Erklärungen, Hilfestellungen und Korrekturen, die ich ihnen aber im Rahmen der 45- oder 90-minütigen Unterrichtsstunden oft nicht zukommen lassen konnte.

Es gab in der Lerngruppe auch **einen hochintelligenten Schüler** mit einem nachweislichen IQ von 130, mit dem ich Fragestellungen, Probleme und technische Anwendungen zu nicht-linearen und quadratischen Zusammenhängen und Funktionen erörtern konnte, und dem ich entsprechendes Material bereitstellte. In einem großen Teil der Unterrichtsstunden stellte er sich den Mitschülern für Erklärungen und Hilfestellungen zur Verfügung, was für mich angesichts der Zeitknappheit eine große Entlastung darstellte.

Lern- und Verhaltensstörungen

In der Regel unterrichte ich Lerngruppen über einen Zeitraum von sechs Jahren, nämlich von der 5. bis zur 10. Jahrgangsstufe. In dieser Zeit durchleben die Schülerinnen und Schüler wichtige Entwicklungsphasen, innerhalb derer sich Lern- und Verhaltensweisen verändern können – zum Positiven wie auch zum Negativen. Daher ist es wichtig, einmal getroffene Einschätzungen durch die kontinuierliche Beobachtung der Schüler immer wieder kritisch zu hinterfragen, gegebenenfalls zu revidieren und die Schüler durch ein entsprechendes Feedback zu motivieren und zu bestärken.

Leider sind den Möglichkeiten, auf positive Lern- und Verhaltensänderungen hinzuwirken, Grenzen gesetzt. Es gibt Störungen beim Lernen und im Verhalten, auf die mein Klassenteam und ich bei allen Bemühungen und schulisch-erzieherischen Maßnahmen nicht oder nur wenig einwirken können.

Da ich im Laufe der Zeit zu der Erkenntnis gelangt bin, dass bei vielen Lern- und Verhaltensstörungen die Familie eine wesentliche Rolle spielt, zählen zu den ersten Schritten bei der Analyse der Lern- und Verhaltensauffälligkeiten die Gespräche mit den auffälligen Schülern selbst und im Anschluss daran mit ihren Eltern. Zur Vorbereitung auf diese Gespräche ziehe ich oftmals die sozialpädagogische Kraft zu Rate. In den Elterngesprächen schildere ich als Erstes meine Beobachtungen und eventuelle Maßnahmen, die ich getroffen habe. Darauf bedacht, nicht auf Konfrontation zu gehen, erbitte ich von den Eltern eine Stellungnahme und frage nach Parallelen im häuslichen Verhalten des Kindes, aber auch nach den Erwartungen, die sie an ihr Kind haben. Erst dann benenne ich konkret, welche Schlussfolgerungen sich aus meinen Beobachtungen ergeben, und versuche, gemeinsame Handlungs- und Lösungswege zu finden. Wichtig ist hier, sehr vorsichtig zu agieren und Schuldzuweisungen zu vermeiden, um einer Blockadehaltung der Eltern entgegenzuwirken. Ziel des Gesprächs ist, dass die Eltern die pädagogischen Maßnahmen, die ich in der Folge in Absprache mit dem Klassenteam treffe, unterstützen, indem sie belohnend auf positiv verändertes Verhalten einwirken. Schlagen diese Maßnahmen fehl, so suche ich in Absprache mit der Jahrgangs- und Schulleitung nach anderen Wegen der Hilfe und Unterstützung. So benachrichtigen wir in der Regel das regionale Beratungs- und Unterstützungszentrum in Bremen (ReBUZ) und stellen so einen ersten Kontakt zwischen den Eltern und den Fachleuten dieser Einrichtung her (www.rebuz.bremen.de). Das weitere Vorgehen wird dann zwischen dem ReBUZ, den Eltern und mir abgesprochen.

Zu den Ursachen einiger Lern- und Verhaltensstörungen zählen häufig Beziehungskonflikte, Trennung und Scheidung der Eltern (insbesondere mit Sorgerechtsstreitigkeiten), Tod, Krankheit (insbesondere Alkoholerkrankungen), psychische Erkrankungen und Arbeitslosigkeit von Familienangehörigen, inkonsistentes Erziehungsverhalten sowie autoritäre und antiautoritäre Erziehungsstile der Eltern, eine negative Vorbildfunktion der Erziehenden, eine zu hohe Erwartungshaltung sowie unerfüllte Ansprüche und daraus resultierende Versagensängste der Eltern.

Andere Störungen wie Legasthenie, Dyskalkulie, Aufmerksamkeitsdefizit-Hyperaktivitäts-Syndrom und Autismus werden in der Regel glücklicherweise bereits in der Grundschule erkannt. Die Maßnahmen, die durch das ReBUZ eingeleitet werden, werden dann an der weiterführenden Schule weitergeführt. Darüber hinaus werden die Lernenden in der 5. Jahrgangsstufe im Rahmen des Deutschunterrichts auf eine LRS-Schwäche getestet und bei einem positiven Ergebnis mit speziellen Förderstunden über mehrere Jahre unterstützt. Dabei können auch Notenschutz und Nachteilsausgleiche gewährt werden. Beim Notenschutz kann im Fach Deutsch und in den Fremdsprachen von den Bestimmungen zur Leistungserhebung und Leistungsbewertung abgewichen werden. Die Nachteilsausgleiche umfassen individuelle Leseübungen, den Einsatz elektronischer Hilfsmittel zur Textverarbeitung, bei schriftlichen Arbeiten und Übungen die Gewährung von mehr Zeit, eine geringere Anzahl von Aufgaben und die Bearbeitung von zur Feststellung des individuellen Lernfortschritts geeigneteren Aufgaben.

Die nachfolgenden Fallbeispiele geben einen kleinen Einblick in die Art des Umgangs mit Schülern mit besonderen Auffälligkeiten. Besonderes Augenmerk liegt hier auf die meist im familiären Kontext zu sehenden Ursachen und die individuellen Maßnahmen, die von den Kollegen und mir bzw. der Schule getroffen wurden.

Fallbeispiel 1: *Scheidung der Eltern mit Sorgerechtsstreitigkeiten*

Zarina, eine durchschnittlich begabte und fleißige Schülerin, fiel dadurch auf, dass sie das Opfer psychischer und physischer Gewalt von Mitschülern wurde und sich nicht dagegen wehrte. Um die Ursachen ihres Verhaltens zu ergründen, trat der Sozialpädagoge der Klasse in Kontakt zu Zarina und führte einige Gespräche mit ihr und ihrem Vater. Es stellte sich heraus, dass Zarina kurz vor der Aufnahme im 7. Jahrgang unsere Schule die Trennung ihrer Eltern hatte miterleben müssen. Dabei war es zu heftigen Auseinandersetzungen der Eltern um das Sorge- und Besuchsrecht gegangen, und Zarina wurde als Ersatzpartnerin eines Elternteils missbraucht und von ihm parentifiziert. Der Sozialpädagoge stellte die Verbindung zu einem Verein her, der ein Programm für solche Mädchen anbot. Außerdem führte er über mehrere Jahre regelmäßige Gespräche mit dem Vater und riet ihm den Besuch von familien- bzw. psychotherapeutischen Einrichtungen an. In der Folgezeit verbesserte sich das Verhalten von Zarina in der Schule deutlich. Sie trat selbstbewusster auf, ließ sich von Mitschülern nicht mehr drangsalieren und setzte sich auch zur Wehr.

Fallbeispiel 2: *Alleinerziehender Vater und kranke Mutter*

Bent, ein durchschnittlich begabter Schüler mit deutlich abnehmender Lern- und Anstrengungsbereitschaft, den ich in der 8. Klasse kennenlernte, war durch die Erlebnisse mit seiner kranken Mutter traumatisiert. Sein Vater, der seinen Sohn allein versorgte, war durch eine neue auswärtige berufliche Tätigkeit so in Anspruch genommen, dass er seinen Sohn vernachlässigte. Bent flüchtete täglich bis in den späten Abend in die Welt seines Computers, der Vater wusste das zwar, unternahm aber nichts. So kam Bent jeden Morgen unausgeschlafen und ohne gefrühstückt zu haben zur Schule und konnte dem Unterricht kaum folgen. Er entwickelte in der Folge ein übertriebenes Verlangen nach Bevorzugung in der Klasse – auch auf Kosten anderer Schüler. Der Sozialpädagoge, die Klassenlehrerin und ich führten mit Bent ein Gespräch, in dem wir ihm unsere Beobachtungen mitteilten und er uns daraufhin seine Probleme schilderte. Aus familiären Gründen durfte Bent seine Mutter, an der er sehr hing, nicht besuchen, und er empfand das Zusammenleben mit seinem Vater als extrem belastend. Hin und wieder widersetzte er sich dem Besuchsverbot, was dazu führte, dass er ein schlechtes Gewissen wegen der heimlichen Besuche bei der Mutter hatte. Diese Besuche waren wegen der Erkrankung der Mutter nicht immer erfreulich und zufriedenstellend. Der Sozialpädagoge verabredete mit Bent mehrere Treffen in der Schule, um nach Lösungswegen für seinen Konflikt zu suchen. Die Gespräche entlasteten Bent im Hinblick auf seine Enttäuschung, seinen Schmerz und seine Zukunftssorgen. Parallel baten wir den Vater zu einem Gespräch in die Schule. Auf die Schilderung unserer Beobachtungen reagierte er sehr offen: Ihm war bewusst, dass er Bent aufgrund der schwierigen Situation durch die berufliche Veränderung vernachlässigte, und stimmte zu, sich wieder mehr um seinen Sohn zu kümmern und wegen des Besuchsrechts mit der Mutter von Bent zu sprechen.

Es dauerte über ein halbes Jahr, bis sich eine Verbesserung in der familiären Situation einstellte. Bent konnte seine Mutter nun regelmäßig alle zwei Wochen besuchen und fühlte sich von seinem Vater wieder wahrgenommen. Weitere Umstände führten etwa ein Jahr später dazu, dass sich sein Vater wieder ohne Einschränkungen um seinen Sohn kümmern konnte. Wir merkten das insbesondere daran, dass Bent mit großer Anstrengung und Lernbereitschaft einen guten Schulabschluss anstrebte. Sein Verlangen nach besonderer Beachtung konnte er allerdings nie ablegen. Zwischen Bent und dem Sozialpädagogen baute sich in den Jahren ein Vertrauensverhältnis auf: Die beiden trafen sich nach Bedarf und Gefühlslage.

Fallbeispiel 3: *Psychische Erkrankung der Mutter*

Lucia kam als leistungsschwache Schülerin im 10. Schuljahr von einer anderen Schule in meinen Sportunterricht. Aufgrund ihres angeblich kranken Bruders war sie an ihrer alten Schule wiederholt nicht zum Unterricht erschienen und erfuhr dort disziplinarische Maßnahmen. Sie war eine freundliche Schülerin, mit der ich schnell ins Gespräch kam. Dabei fiel mir auf, dass ihre Aussagen nicht der Realität entsprachen. So erzählte sie, dass man sie an der alten Schule eigentlich nicht gehen lassen wollte und ihr die Rolle der Klassensprecherin angeboten hatte, wenn sie nur bliebe. Mit der Zeit mied sie auch den Unterricht an der neuen Schule. Sie reichte von der Mutter unterschriebene Entschuldigungen wegen Krankheit nach. Durch ihre Vorgeschichte gewarnt, vereinbarten wir mit ihr, dass sie sich bei jedem Schulversäumnis sofort in der Schule meldete. Trotz wiederholter Versicherungen, sich bessern zu wollen, häuften sich die Fehlzeiten und Fehltage im Lauf der Zeit.

Mit der Jahrgangsleitung lud die Klassenlehrerin die Mutter zu einem Gespräch in die Schule ein. Uns wurde relativ schnell klar, dass sie mit der Erziehung ihrer Tochter völlig überfordert war und aufgrund ihrer Familiensituation und ihrer psychischen Probleme keine Zeit und Kraft hatte, sich um Lucia zu kümmern. Wir schalteten daraufhin das ReBUZ ein. Wenige Zeit später kam Lucia, die aus Verantwortungsgefühl ihre Mutter nicht alleine lassen wollte, gar nicht mehr zur Schule.

Während die Mutter die Angebote des ReBUZ zur familiären Unterstützung und psychologischen Hilfe annahm, konnte Lucia zu einem Besuch eines außerschulischen Projekts bewegt werden. Lucia kam nicht mehr zurück in die Klasse.

Fallbeispiel 4: *Inkonsistentes Verhalten des Vaters*

Bele war eine lernschwache, minderbegabte und verhaltensauffällige Schülerin. Wegen ihrer fehlenden Lernbereitschaft und ihrer schwachen Leistungen hatten wir mit ihr und ihrem Vater schon einige Gespräche geführt. Wir hatten uns auf ihre Teilnahme am Förderunterricht in mehreren Fächern und an einer schulinternen Hausaufgabenhilfe geeinigt. Dies führte jedoch nicht zur gewünschten Leistungsverbesserung, nicht zuletzt, weil sie an diesen Maßnahmen nicht regelmäßig teilnahm. Wiederholt kam es darüber hinaus zu Unterrichtsversäumnissen, die von dem Vater wegen Krankheit entschuldigt wurden. Im Gespräch mit dem Vater erzählte dieser offen von seinen Problemen mit Bele. So käme es immer wieder vor, dass er auf Beles Forderung hin eine Entschuldigung wegen Unwohlseins schreibe, obwohl sie gesund wirke und durchaus zur Schule gehen könnte. Wir vereinbarten daraufhin, dass Bele bei Fehlzeiten aus Krankheitsgründen immer ein ärztliches Attest vorlegen sollte.

Beles Versäumnisse reduzierten sich nur kurzzeitig, weshalb ich Kontakt zum ReBUZ aufnahm. Die angebotenen schulischen und außerschulischen Hilfen lehnte der Vater ab. Schließlich vermittelte ich Beles Wechsel zu einer Schule mit weiteren Ausbildungsmöglichkeiten.

Fallbeispiel 5: *Autoritärer Erziehungsstil des Bruders*

Orlanda war eine unterdurchschnittlich begabte Schülerin mit sehr geringer Lern- und Anstrengungsbereitschaft und großen Konzentrationsschwierigkeiten, die ich in der 7. Klasse in meinen Sportunterricht bekam. Neben ihren Lernauffälligkeiten waren eine körperliche Frühentwicklung und eine frühe geschlechtsspezifische Orientierung zu beobachten. Orlanda setzte sich über Schul- und Klassenregeln hinweg und zeigte gegenüber den Lehrkräften ein provozierendes Verhalten mit verbalen Entgleisungen. Die Klassenlehrerin und der Sozialpädagoge der Klasse führten mit Orlanda einige Gespräche, die durchaus angenehm und vertrauensvoll waren. Es wurde deutlich, dass sie sehr unter den strengen Vorgaben ihres sehr viel älteren Bruders litt, der nach dem Tod des Vaters und wegen der physischen und psychischen Erkrankung der Mutter die Erzieherrolle übernommen hatte. Ihr Bruder untersagte ihr vieles, was andere Mädchen in ihrem Alter tun durften. Wir bezogen den schulpsychologischen Dienst ein, der neben den Gesprächen mit Orlanda und der Mutter auch Kontakt zum Bruder aufnahm. Im Laufe der Zeit verbesserte sich das Verhalten, an der Lernschwäche und den schwachen Leistungen änderte sich aber kaum etwas. Schließlich wechselte sie nach der 9. Klasse zu einer anderen Schule.

Fallbeispiel 6: *Antiautoritärer Erziehungsstil des Vaters*

Robert war ein durchschnittlich begabter Schüler mit deutlichen Verhaltensstörungen. Er zeigte ein überzogenes Selbstbewusstsein und beachtete Klassenregeln und die Schulhausordnung nur dann, wenn er sie für richtig hielt. In Gesprächen betonte er immer wieder, er wisse am besten, was für ihn richtig sei.

Wie der Austausch mit dem Vater zeigte, genoss Robert eine regelfreie Erziehung. Seine in häuslicher Gemeinschaft lebende Mutter, die wir nie zu Gesicht bekamen, spielte dabei überhaupt keine Rolle. Sein Vater bestärkte ihn in all seinen Aktivitäten, Rauchen, Fernbleiben vom Unterricht und das Verlassen des Schulgeländes während der Unterrichtszeit. Er war der Meinung, dass er sich nur dann entwickeln könne, wenn er die notwendige Freiheit dazu hätte. Unsere Bemühungen, Robert zum Einhalten von Schul- und Klassenregeln zu bewegen, waren ebenso erfolglos wie die Maßnahmen des schulpsychologischen Dienstes. Nach wiederholten Verstößen und Disziplinierungsmaßnahmen mussten wir Robert über eine Ordnungsmaßnahme der Klasse verweisen, denn es bestand die Gefahr, dass Mitschüler sein Verhalten übernahmen. Robert wurde später von dem Vater an einer anderen Schule angemeldet.

Fallbeispiel 7: *Negative Vorbildfunktion der Mutter*

Milan war ein ausgesprochen freundlicher und unterdurchschnittlich begabter Schüler. Er kam in der zweiten Hälfte der 10. Jahrgangsstufe in meinen Unterricht. Er fiel durch seine geringe Anstrengungs- und Lernbereitschaft und seine grundsätzlich nicht erledigten Hausaufgaben auf. Zusagen, sie zum nächsten Mal nachzuholen, hielt er nicht ein. Gespräche mit ihm führten zu keiner Veränderung. Im Gespräch mit der Mutter machte diese deutlich, dass sie wohl Verständnis für mein Anliegen habe und mit Milan sprechen wolle, andererseits könne sie ihren Sohn auch gut verstehen, denn auch sie habe in ihrer Schulzeit eine ähnliche Arbeitsauffassung gehabt und sei dennoch gut zurechtgekommen. Auf meinen Hinweis, dass Milans Leistungen für einen Abschluss nicht reichten, ging sie nicht näher ein und wies lediglich darauf hin, dass er ein patenter Junge sei und ich mir keine Sorgen machen solle. Milan wiederholte später die 10. Klasse an unserer Schule.

Fallbeispiel 8: *Eltern mit zu hoher Erwartungshaltung*

Frederic, ein lernwilliger und anstrengungsbereiter Schüler, hatte große Probleme mit seinen sehr schwachen Leistungen. Diese versuchte er durch Lügen, laute und plumpe Redebeiträge und eine großtuerische Art zu kompensieren. Er neigte zu körperlicher Gewalt, wenn ihn Mitschülerinnen oder Mitschüler provozierten, und forderte insbesondere seine Lehrerinnen durch unangemessenes

Verhalten heraus. Seine Eltern, mit denen wir wiederholt Gespräche führten, redeten die Probleme klein oder sahen die Gründe dafür immer bei anderen. Frederics schwache Leistungen werteten sie als Fehleinschätzung der Lehrenden und erwarteten von ihrem Sohn, mit dem bestmöglichen Abschluss die Mittelstufenzeit zu beenden. Das Angebot, Frederic therapeutische Hilfe zukommen zu lassen, lehnten sie strikt ab.

Mehrere Klassenkonferenzen und pädagogische Maßnahmen hatten das Ziel, Frederic sein Fehlverhalten zu verdeutlichen und ihm den hohen Erwartungsdruck zu nehmen, der durch die Eltern erzeugt wurde. Er sollte dann, vermittelt durch die Klassenlehrerin und den Sozialpädagogen in der Klasse, über einen längeren Zeitraum an einem außerschulischen Projekt teilnehmen. Die Eltern waren damit nicht einverstanden und brachen den Kontakt zu den Lehrern und dem Sozialpädagogen für einen längeren Zeitraum ab. In der Folgezeit übte Frederic zumindest keine verbale und körperliche Gewalt mehr aus und schüchterte seine Mitschülerinnen und Mitschüler nicht mehr ein.

Fallbeispiel 9: *Nicola kam mit traumatischen Schulerfahrungen zu uns*

Nicola war eine durchschnittlich begabte Schülerin. Durch einen Wohnortwechsel war sie in der 7. Jahrgangsstufe in eine meiner Klassen gekommen, nachdem sie zuvor an einem Gymnasium eines anderen Bundeslandes nicht zurechtgekommen war. Ihre schwachen Leistungen und ihre stille Art hatten dort dazu geführt, dass sie von den Mitlernenden als unfähig und dumm beleidigt und drangsaliert wurde. Sie litt unter somatischen Störungen und zeigte ein deutliches Vermeidungsverhalten.

Nicola kam verschüchtert zu uns. Sie sprach kaum, beteiligte sich nicht an den Unterrichtsgesprächen und wurde sehr schnell verlegen. Das erste Gespräch führte ich mit Nicola zusammen mit ihren Eltern. Wir verabredeten eine längere Eingewöhnungsphase, in der Nicola nicht zur Teilnahme an Gesprächen oder zu Antworten gezwungen wurde. Sie sollte sich aber bemühen, bei Problemen eine Vertrauensperson anzusprechen, die sich um ihre Belange kümmern sollte. Als Vertrauensperson wählte sie die Sozialpädagogin der Klasse aus. Auf familiärer Seite wurde Nicola mehrere Jahre über eine Psychotherapie unterstützt.

Im Laufe der 4 Jahre in der Klasse entwickelte sich Nicola zu einer guten und fleißigen Schülerin. Sie redete auch weiterhin nicht viel, konnte sich aber mit kurzen Redebeiträgen an den Unterrichtsgesprächen beteiligen und hatte einen großen Freundeskreis an der Schule gefunden.

Fallbeispiel 10: *Gernot fiel früh durch eine Verhaltensstörung auf*

Gernot war ein unterdurchschnittlich begabter Schüler. Er saß lustlos, fast apathisch und desinteressiert im Unterricht und war durch keine Gespräche und Anregungen zu einer Verhaltensänderung zu bewegen. Auf alle Bemühungen seiner Lehrer und Mitlernenden reagierte er gereizt und unwillig. Einer Kollegin, die in der Klasse oft die ersten Stunden zu geben hatte, fiel auf, dass Gernot häufig übermüdet wirkte. Bei weiteren Nachforschungen berichteten seine Mitschüler von seinem Interesse an Computerspielen, die er angeblich bis tief in die Nacht spielte. Im Gespräch mit den Eltern gaben wir diese Information der Mitschüler weiter. Sie wussten davon offensichtlich nichts und konnten sich das bei ihrem Sohn auch überhaupt nicht vorstellen. Dennoch sagten sie uns zu, verstärkt darauf zu achten und uns auf dem Laufenden zu halten.

Etwa eine Woche später erfuhren wir von ihnen, dass Gernot wohl schon über viele Monate heimlich nachts am Computer spielte. Einige dieser Spiele waren für sein Alter nicht freigegeben und zeigten Gewalt- und Kriegsszenarien. Er hatte sich die Spiele über den Onkel besorgt.

In den folgenden Jahren wurde das Arbeiten mit Gernot nicht leichter. Er kam zwar nicht mehr so oft übermüdet in den Unterricht, zeigte aber die meiste Zeit nur wenig Interesse am Lernen und tat sich mit sozialen Kontakten in seiner Klasse schwer.

Fallbeispiel 11: *Frances mobbte ihre Mitschülerinnen*

Frances kam als unterdurchschnittlich begabte, arbeitsunwillige und aggressive Schülerin in der 10. Jahrgangsstufe in eine meiner Klassen, nachdem sie in einer anderen Schule mehrere Mitschülerinnen gemobbt hatte. In einem ersten Gespräch unseres Klassenteams mit ihr unterhielten wir uns über unsere Vorstellungen von einer gemeinsamen Arbeit in der neuen Klasse und legten gemeinsame Ziele fest. Diese sahen eine wöchentliche Betreuungsstunde bei einer sozialpädagogischen Kraft, eine Vereinbarung über einzuhaltende Regeln in der Klasse und ein besseres Lernverhalten vor. Frances sollte durch Förderstunden in ihren schwächeren Fächern und den Besuch einer schulinternen Hausaufgabenbetreuung unterstützt werden. Wir verabredeten uns zu weiteren regelmäßigen Gesprächen in kurzen Abständen, um über Frances Lernfortschritte und eventuelle Probleme zu sprechen. In einem Gespräch mit der alleinerziehenden Mutter versuchten wir uns einen Einblick über die familiäre Situation zu verschaffen. Da die Mutter keine Probleme im Verhalten ihrer Tochter sah, die Anschuldigungen aus der Schüler- und Lehrerschaft der vorherigen Klasse als völlig abwegig beschrieb und die Ordnungsmaßnahmen als ungerecht empfand, beließen wir es erst einmal bei ihrer Stellungnahme und sahen vorerst keine Möglichkeit einer engeren Zusammenarbeit mit ihr.

In den ersten Wochen gab es mit Frances keine größeren Probleme. Sie arbeitete relativ gut mit, nahm ihre Termine wahr und wir konnten sie in unseren Gesprächen loben. In der Folgezeit ließ allerdings ihre Konzentration im Unterricht nach, sie machte die Hausaufgaben nur noch unregelmäßig und nahm die Termine bei der Hausaufgabenhilfe nicht mehr wahr. Auf kleinste Auseinandersetzungen mit ihren Mitschülerinnen reagierte sie zunehmend aggressiv und attackierte sie verbal. Zu einem verabredeten Gespräch mit dem Sozialpädagogen kam sie nicht, so dass er sie aus dem Unterricht holen musste. Nach Gesprächen mit den Klassenkameradinnen, stellte sich heraus, dass Frances heimlich Schülerinnen aus einer anderen Klasse ohne ihr Wissen gefilmt und diesen Film verbreitet hatte.

Wir schalteten daraufhin die Jahrgangsleitung und die Schulleitung ein, informierten die Mutter und luden sie kurzfristig zu einem Gespräch in der Schule ein. Die Mutter sah in dem Verhalten ihrer Tochter kein Vergehen und betonte, dass sie, egal was komme, zu ihrer Tochter halten würde. Die Klassenkonferenz beschloss eine Ordnungsmaßnahme und es wurde eine Verhaltensregelung vereinbart. Die Mutter mied daraufhin bis zum Ende der 10. Klasse jeden weiteren Kontakt mit der Schule.

Was ich aus dem Umgang mit Verhaltensstörungen gelernt habe

Um auf Verhaltensstörungen positiv Einfluss zu nehmen, ist es notwendig, mit den betroffenen Schülern ins Gespräch zu kommen. Die Gespräche sollten stets in angenehmer und vertraulicher Atmosphäre und ohne Zeitdruck stattfinden und einen offenen und ehrlichen Meinungsaustausch ermöglichen. Stellt sich im Lauf dieser Gespräche Verständnis für die jeweils andere Seite ein und kann man sich auf ein gemeinsames Angehen des problematischen Verhaltens einigen, so sind die Aussichten auf die Bewältigung des Problems sehr gut. Ziel der Gespräche sollte es immer sein, über die gegenseitige Wertschätzung und das Vertrauen in den Gesprächspartner einen kooperativen Prozess einzuleiten, der auf die Veränderung des kritischen Verhaltens abzielt. Wichtig ist dabei auch, dass ich als Lehrender mir meiner Verantwortung innerhalb dieses Prozesses bewusst bin.

Das oben Gesagte gilt auch für die Gespräche mit den Eltern bzw. mit Elternteilen oder den für die Erziehung zuständigen Personen. Diese Gespräche zielen ebenfalls auf die Einsicht in eine beiderseitige Verantwortung und die Bereitschaft zu einem gemeinsamen erzieherischen Wirken ab. Während die Eltern die Basis für die emotionale, soziale und kognitive Entwicklung des Lernenden schaffen und seine Persönlichkeit und damit auch sein Sozial- und Lernverhalten beeinflussen, sind Pädagogen während der Schulzeit in der Pflicht, diese Aufgaben in Kooperation mit den Eltern wahrzunehmen und so das Verhalten der Lernenden positiv zu lenken. Wichtig ist in diesem Zusammenhang, dass alle am schulischen Erziehungsprozess beteiligten Person, d. h. Personen aus dem Klassenteam, der Jahrgangs- oder Schulleitung, der Sozialarbeit oder der Sozialpädagogik, das Vertrauen der Lernenden und ihrer Eltern genießen.

Auch wenn diese Gespräche oft zunächst abgelehnt werden oder erfolglos verlaufen, muss ich mich bemühen, die Gesprächsbereitschaft aufrechtzuhalten: Ein wiederholt formuliertes Angebot an die Lernenden und die Eltern wird erfahrungsgemäß irgendwann doch angenommen.

Sind die Lernenden und/oder ihre Eltern trotz aller Bemühungen nicht zu erreichen, liegen die Gründe meist in der Weigerung der Lernenden, ihr Fehlverhalten wahrzunehmen und Verantwortung dafür zu übernehmen. Dies ist oft die Folge negativer Schulerfahrungen der Eltern und zu hoher Erwartungen an ihr Kind. Beeinflusst durch ihr negatives Bild von der Schule oder den Lehrkräften, gehen die Eltern oft in eine Verteidigungshaltung und suchen die Schuld bei der Schule oder den Lehrkräften. Schließlich wollen oder können manche Eltern nicht die Verantwortung für die Erziehung ihres Kindes übernehmen und treten dann oft als „Freunde“ ihres Kindes auf.

In solchen Fällen sowie bei eher selten vorkommenden schweren Persönlichkeitsstörungen, die durch schulinterne Maßnahmen allein nicht behoben werden können, ist die Unterstützung von Fachleuten erforderlich. In der Regel erfolgt die Kontaktaufnahme über die Jahrgangs- oder Schulleitung zu Beratungsstellen wie dem Schulpsychologischen Dienst, regionalen Beratungsstellen und staatlichen Einrichtungen. Diese Fachleute haben die Möglichkeit, dort Kontakte (wieder-)herzustellen, wo wir Lehrende die Lernenden und die Eltern nicht mehr erreichen können, spezifische Unterstützung und Hilfe anzubieten und im Notfall zum Schutze und zum Wohlergehen der Betroffenen auch tiefgreifende Maßnahmen zu treffen. Auch wenn die Anstrengungen dieser Einrichtungen nicht in allen Fällen erfolgreich waren, habe ich mit ihnen immer positive Erfahrungen gemacht.

Letztendlich kann ich für mich feststellen und dem Leser empfehlen:

Jede auf Wertschätzung, Respekt und Vertrauen basierende Anstrengung, die dem Wohle und der Persönlichkeitsentwicklung der Schüler dient, lohnt sich!

Zitierte und weiterführende Literatur

A Wissenschaftliche Grundlagen

Amelang, M. und D. Bartussek (1997): Differentielle Psychologie und Persönlichkeitsforschung. Stuttgart, Kohlhammer.

Asendorpf, J. B. (2004): Genom – Umwelt – Wechselwirkungen in der Persönlichkeitsentwicklung. In D. Geulen und H. Veith (Hrsg.), Sozialisationstheorie interdisziplinär. Aktuelle Perspektiven (S. 35–53). Stuttgart, Lucius und Lucius.

Asendorpf, J. und F. J. Neyer (2012): Psychologie der Persönlichkeit. 3. Aufl. Berlin, Springer.

Baddeley, A. D (1986): Working Memory. Oxford, Clarendon Press.

Costa, P. T. und McCrae, R. R. (1992): Revised NEO Personality Inventory (NEO-PI-R) and NEO Five Factor Inventory. Professional Manual. Odessa: Psychological Assessment Resources.

Duncan J., R. J. Seitz, J. Kolodny, D. Bor, H. Herzog, A. Ahmed., F. N. Newell and H. Emslie (2000): A neural basis for general intelligence. Science 289: 457–460.

Duncan, J. (2003): Intelligence tests predict brain response to demanding task events. Nature Neuroscience 6: 207–208.

Ekman, P. (2004): Gefühle lesen. Wie Sie Emotionen erkennen und richtig interpretieren. München, Spektrum-Elsevier.

Hattie, J. (2013): Lernen sichtbar machen. Baltmannsweiler, Schneider-Verlag Hohengehren.

Hüther, G. und U. Hauser (2012): Jedes Kind ist hoch begabt: Die angeborenen Talente unserer Kinder und was wir aus ihnen machen. München, Knaus.

Jank, W. und H. Meyer (2009): Didaktische Modelle. Berlin, Cornelsen.

Kandel, E. R., J. H. Schwartz und T. M. Jessell (1996): Neurowissenschaften. Heidelberg, Spektrum Akademischer Verlag.

Karnath, H.-O. und P. Thier (Hrsg. 2012): Neuropsychologie. 3. Aufl. Heidelberg, Springer.

Karpicke, J. D. und H. L. Roediger (2008): The critical importance of retrieval for learning. Science 319: 966–968

Kastner, S., P. de Weerd, R. Desimone und L. G. Ungerleider (1998): Mechanisms of directed attention in the human extrastriate cortex as revealed by functional MRI. Science 282: 108–111.

Luria, A.R. (1987): The Mind of a Mnemonist: A Little Book About A Vast Memory. Cambridge, Mass, Harvard University Press.

Markowitsch, H.-J. (2002): Dem Gedächtnis auf der Spur. Vom Erinnern und Vergessen. Darmstadt, Wissenschaftliche Buchgesellschaft,.

Marshall, L. und J. Born (2007): The contribution of sleep to hippocampus-dependent memory consolidation. Trends in Cognitive Sciences 11: 443–450.

Meyer, H. (2004): Was ist guter Unterricht? Berlin, Cornelsen.

Neubauer, A., Stern, E. (2007): Lernen macht intelligent – Warum Begabung gefördert werden muss. München, Deutsche Verlags-Anstalt.

Ostendorf, F. und A. Angleitner (2004): NEO-PI-R. NEO-Persönlichkeitsinventar nach Costa und McCrae. Revidierte Fassung. Göttingen, Hogrefe.

Rost, D. h. (2013): Handbuch Intelligenz. Weinheim, Beltz.

Roth, G. (2003): Fühlen, Denken, Handeln. Frankfurt, Suhrkamp.

Roth, G. (2015 a): Persönlichkeit, Entscheidung und Verhalten. 9. Aufl. Stuttgart, Klett-Cotta.

Roth, G. (2015 b): Bildung braucht Persönlichkeit – Wie Lernen gelingt. Stuttgart, Klett-Cotta.

Schacter, D. L. (1996): Searching for Memory. The Brain, the Mind, and the Past. New York, Basic Books.

Schultz, W. (2007): Multiple dopamine functions at different time courses. Annual Review of Neuroscience 30: 259–288.

Spitzer, M. (2012): Digitale Demenz. Wie wir uns und unsere Kinder um den Verstand bringen. München, Droemer.

Stern, E. und A. Neubauer (2013): Intelligenz – Große Unterschiede und ihre Folgen. München, DVA.

Treisman, A. M. (1969): Selective attention in man. British Medical Bulletin 20: 12–16.

Winston, J. S., B. A. Stranger, J. O'Doherty und R. J. Dolan (2002): Automatic and intentional brain responses during evaluation of trustworthiness of faces. Nature Neuroscience 5: 277–192.

B Erfahrungen aus der Schulpraxis

Dollase, R. (2015): Was ist guter Unterricht? Antworten der internationalen empirischen Unterrichtsforschung. In G. Roth (Hrsg.): Zukunft des Lernens. Paderborn, Ferdinand Schöningh, 25–34.

Hattie, J. (2013): Lernen sichtbar machen. Baltmannsweiler, Schneider-Verlag Hohengehren.

Hattie, J. (2014): Lernen sichtbar machen für Lehrpersonen. Baltmannsweiler, Schneider-Verlag Hohengehren.

Koll, K. und J. Rudolph (2013): Wenn es mit Schülern, Eltern und Kollegen mal schwierig wird. Mühlheim an der Ruhr, Verlag an der Ruhr.

Kucklick, Christoph (2013): Wie das Lernen besser gelingt. GEO (grün) 5/2013: 82–100.

Meyer, H. (2009): Was ist guter Unterricht? Berlin, Cornelsen.

Roth, G. (2009): Die Bedeutung von Motivation und Emotionen für den Lernerfolg. In R. Messner (Hrsg.): Schule forscht. Hamburg, edition Körber-Stiftung, 57–74.

Roth, G. und M. Koop (2011): Projektskizze „Reform des Schulunterrichts an der GSO“ unter http://502.joomla.schule.bremen.de/index.php/schulleben/kooperationen/589?task=view&id=520 [Stand: 20.08.2015].

Roth, G. (2012): Möglichkeiten und Grenzen von Wissensvermittlung und Wissenserwerb. In R. Caspary (Hrsg.): Lernen und Gehirn. Hamburg, Nikol Verlag, 54–69.

Roth, G. (2013): Welchen Nutzen haben die Erkenntnisse der Hirnforschung für die Pädagogik? Zeitschrift für Pädagogische Psychologie 27 (3): 123–133.

Der Senator für Bildung und Wissenschaft (Hrsg.) (2006): Mathematik-Bildungsplan für die Gesamtschule Jahrgangsstufe 5–10. Freie Hansestadt Bremen, Landesinstitut für Schule.

Abbildungsverzeichnis

Abbildung 1: Das „Vier-Ebenen-Modell" der Persönlichkeit 24

Abbildung 2: Längsschnitt durch das menschliche Gehirn mit den wichtigsten limbischen Zentren 25

Abbildung 3: Querschnitte durch das menschliche Gehirn 27

Abbildung 4: Seitenansicht des menschlichen Gehirns 29

Abbildung 5: Anatomisch-funktionelle Gliederung der Hirnrinde von der Seite aus gesehen 30

Abbildung 6: Anatomisch-funktionelle Gliederung der Hirnrinde von der Mittellinie aus gesehen 31

Tabellenverzeichnis

Tabelle 1: Notenskala für die Klassenarbeiten und Tests im Fach Mathematik an der Gesamtschule Bremen-Ost, 2015 104

Tabelle 2: Bewertungsschema für das Fach Mathematik an der Gesamtschule Bremen-Ost 105

Tabelle 3: Bewertungsschema für das Fach Sport an der Gesamtschule Bremen-Ost 110

Tabelle 4: Neue Tagesstruktur Variante I 124

Tabelle 5: Neue Tagesstruktur Variante II 125

Tabelle 6: Neue Tagesstruktur Variante III 126

Tabelle 7: Beobachtungskriterien in Bezug auf Begabung und Intelligenz 154

Tabelle 8: Beobachtungskriterien in Bezug auf das Verhalten 155

Tabelle 9: Heterogenität innerhalb meiner *ganz normalen* Klasse 157

Die Autoren

© Hanse-Wissenschaftskolleg

Gerhard Roth wurde 1942 in Marburg/Lahn geboren. Er studierte ab 1963 Philosophie, Germanistik und Musikwissenschaft in Münster und Rom. 1969 erfolgte die Promotion in Philosophie. Danach studierte er Biologie in Münster und Berkeley/Kalifornien und promovierte 1974 in Zoologie. Er ist seit 1976 Professor für Verhaltensphysiologie und Entwicklungsneurobiologie an der Universität Bremen im Institut für Hirnforschung. Von 1997 bis 2008 war er Gründungsrektor des Hanse-Wissenschaftskollegs, von 2003 bis 2011 Präsident der Studienstiftung des deutschen Volkes. Seine Publikationsliste umfasst rund 200 Veröffentlichungen auf den Gebieten Kognitive Neurowissenschaften, Persönlichkeitsforschung und Neurophilosophie, darunter 13 Bücher. Roth erhielt für seine ehrenamtliche Tätigkeit im Bildungsbereich das Bundesverdienstkreuz 1. Klasse sowie den Verdienstorden des Landes Niedersachsen.

© Michael Koop

Michael Koop wurde 1958 in Bremen geboren. Er studierte Mathematik und Sport auf Lehramt an der Universität Bremen und schloss das Referendariat an der Heinrich-Heine-Gesamtschule in Bremerhaven mit dem zweiten Staatsexamen ab. Dreieinhalb Jahre arbeitete er als Sportlehrer in der Sporttherapie bevor er 1990 als Lehrer für die Sekundarstufe I in den bremischen Schuldienst eintrat. Seitdem unterrichtet er an der Gesamtschule Bremen-Ost und ist seit 1991 als Klassenlehrer tätig. Gemeinsam mit Gerhard Roth leitet er das 2008 an der Gesamtschule Bremen-Ost initiierte Projekt „Reform des Schulunterrichts an der GSO“.